# CARLOS ANDRÉS LONDOÑO

*Reflexiones y Escritos Cortos*

# *Vivir, Decidir y Escribir*

**PROYECTOS SIN LÍMITES**

# Vivir, Decidir y Escribir

# VIVIR, DECIDIR Y ESCRIBIR

Copyright © Carlos Andrés Londoño. 2023
Primera edición en Proyectos Sin Límites S.A.S., Agosto de 2023
www.proyectossinlimites.com
Celular 3228559848

ISBN: 9798860699267

Diseño de portada: Mayra A. Collazos - Agencia Ciclo Creativo S.A.S
Diagramación y corrección de estilo: Proyectos Sin Límites S.A.S.

*Este libro se titula* Vivir, decidir y escribir*. En el título de esta obra no va impresa la palabra leer. Sin embargo, incluyo en varias partes del desarrollo del texto la palabra lectoescritura**, que abarca los dos conceptos: leer y escribir. Si incluyera en el título la palabra leer, sería un título largo y difuso de cuatro palabras. Un título de tres palabras lo hace más atractivo:* Vivir, decidir y escribir.

Carlos Andrés Londoño

---

* Esquematicé este libro pensando en aquellos lectores que trabajan tanto en la búsqueda del mensaje esencial como en las destrezas del arte de leer y escribir.

**Lectoescritura es la capacidad y habilidad de leer y escribir adecuadamente (definicionabc.com). Cuando me refiero, en diversas etapas de este libro, al arte de leer y escribir se puede resumir en una palabra como lectoescritura. N. del A.

# ÍNDICE

Dedicatoria ................................................... 11

Agradecimientos ............................................. 15

Introducción ................................................. 17

El arte de vivir ............................................... 23

El arte de decidir ........................................... 121

El arte de leer y escribir ................................... 189

La seducción del escrito corto ........................... 219

Selección de frases ......................................... 231

Clonclusiones .............................................. 235

Referencias bibliográficas ................................ 237

Webgrafía .................................................. 239

# DEDICATORIA

*Este libro está dedicado a la memoria de dos seres humanos especiales: mis padres. Quienes en cierta ocasión, me obsequiaron algunos de sus libros con el argumento de que si los leía cuidadosamente, entraría en contacto con un mundo fantástico: la literatura.*

*Ese día me hicieron divisar, entre guiños y cálidas palabras, el camino cotidiano de la lectoescritura.*

## BRÚJULA

Mi sugerencia al lector es que mientras avanza en la lectura, revise con atención las notas al pie de página. Son cortas, ayudan a descongestionar partes del escrito y son unas buenas brújulas de lectura.

**❝** *El arte de escribir consiste en decir mucho con pocas palabras* **❞**

Antón Chéjov,
médico, escritor y dramaturgo ruso.

**❝** *Desvarío laborioso y empobrecedor el de componer vastos libros; el de explayar en quinientas páginas una idea cuya perfecta exposición oral cabe en pocos minutos* **❞**

Jorge Luis Borges,
*El jardín de senderos que se bifurcan* (1941).

**❝** *Un libro, o un e-book, de 25.000 palabras son unas 170 páginas, que ya está bien. A mil palabras escritas por día (y corregir las mil del día anterior), en veinticinco días escribes tu libro* **❞**

Raimon Samsó,
*Imperio digital.*

# AGRADECIMIENTOS

Mi gratitud a todas las personas que me han animado a seguir conectando pensamientos a través del código escrito. Es sabido que el arte de tejer palabras es una disciplina que se extiende durante toda la vida.

De igual manera, a todo el equipo de Proyectos Sin Límites, quienes me han respaldado con gran vigor en la producción de este trabajo: *Vivir, decidir y escribir*. Gracias por su apoyo a este ejercicio creativo.

Para unos y otros, ¡va mi más cariñoso abrazo!

# INTRODUCCIÓN

## SIEMPRE ESTAMOS TOMANDO DECISIONES

Hay que soltar el escrito en el momento indicado, de lo contrario, si se busca la perfección, nuestro trabajo de escritura nunca terminará.

Por estos motivos, don Alfonso Reyes y Octavio Paz insistían en que es casi imposible escribir hasta agotar todo el tema propuesto. Hay que dejar abierta la compuerta del *continuará*.

Estas palabras ordenadas progresivamente, en modo alguno, constituyen absolutos o dogmas incontrovertibles. Esta prosa meditativa es una forma de relatividad ensayística. Son pensamientos de caminante puestos en el papel y convertidos en libro.

Por ende, tales vivencias y decisiones tienen el propósito de poner a pensar al lector, y de paso a mí mismo, sobre libros impresos y electrónicos.

Ese es el ejercicio creativo que propongo en esta nueva empresa literaria.

## ARQUITECTURA DE MIS CONCLUSIONES COTIDIANAS

De las ideas presentadas en este libro, el lector seleccionará las que más le gusten, y después de dicho filtro temático, es práctico adaptar las mejores al caudal personal, ajustándolas y conectando partes dispersas, pero que, en el fondo, se atraen. De esa manera, podrá hacer escuela propia, trasladándola al soberano Ser Interior y convirtiendo sus íntimas conclusiones en creación propia.

*" [...] pensar mucho, hablar poco,*
*no tener prisa...".*
*Código diplomático del faraón Seti I,*
*XIX dinastía, 1280 a. C.*

La libreta que siempre me acompaña posee un mágico encanto pictórico; tiene la característica de haber registrado durante estos años mi biorritmo creacional.

*"La escritura es la pintura de la voz".*

*Voltaire.*

Conoceremos la sustancia de mi cuaderno de apuntes y mis trazos prosísticos actuales.

Siguiendo lo dicho, algunos borradores —los más cortos— de este trabajo fueron redactados en el teclado de mi teléfono móvil, con ideas que, en el pasado, habían sido bosquejadas en los cuadernos de mi mente.

Esas libretas, o cuadernos, recopilan mi esencia meditativa. Y que, en lo atinente a mi inspiración, parecen nacidos de un surrealismo bretoniano\*; expresión intelectual que trabajé antes de escribir mi anterior libro, *El Semáforo de la vida*.

Tal libreta hace las veces de memoria retentiva. Es más, sugiero escribir las ideas en el papel —en ese mismo momento— antes de que se olviden para, después, sistematizarlas. Una parte de dicha libreta de notas es hoy la sección de mensajes guardados de mi Telegram.

Ahondemos al respecto.

Orison Swett Marden en su libro, *Siempre adelante*, nos recuerda una acción similar del gran escritor, novelista y poeta alemán, Johann Wolfgang von Goethe: "Durante una entrevista de Goethe con un gran monarca, se excusó de repente el ilustre poeta y fuese al aposento inmediato para anotar, antes que se le olvidase, una idea que se le había ocurrido para el Fausto".

A fin de redondear esta parte, recuerdo que, en estas parcelas de pensamiento, siempre tuve en cuenta lo que leí en un libro, añejo como el vino de calidad, llamado *Técnicas de expresión* (1974), que

---

\* Movimiento artístico y literario iniciado en Francia en 1924 con un manifiesto de André Breton, y que intenta sobrepasar lo real impulsando lo irracional y onírico mediante la expresión automática del pensamiento o del subconsciente. (RAE)

adquirí hace algunos años en una antigua librería. Este ejemplar subraya que "la claridad y la coherencia priman sobre la elegancia y la originalidad".

Apreciado lector, la claridad y la coherencia composicionales las he revisado con lupa por medio de ajustes realizados en todo el trayecto de este libro.

Efectivamente, como apunta Gaston Bachelard, "haber comprendido es saber rehacer". Precisemos: escribir con destreza es esquematizar y, después, elaborar un primer borrador. Luego, hacer pausas creativas, dejar reposar el escrito, leer y tomar apuntes. Y, a continuación, reescribir algunos borradores sucesivos hasta llegar a la versión final.

Describamos con más detalle las etapas del modelo creativo que acabo de detallar:

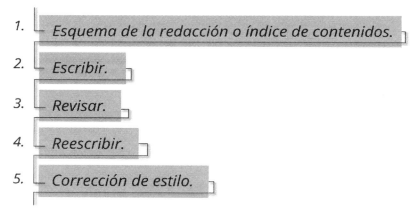

1. *Esquema de la redacción o índice de contenidos.*

2. *Escribir.*

3. *Revisar.*

4. *Reescribir.*

5. *Corrección de estilo.*

En ese orden*.

---

* "Leer sobre la pantalla lo que escribimos y corregir sin arruinar el original es como ver lo que pensamos". Juan Carlos Kreimer, *Cómo lo escribo 2.0.*

Recordemos que podemos alternar el gusto por caminar con el arte de escribir. La escritura es una opción de desfogue espiritual para el senderista. Sugiero no apartarnos de la secuencia redaccional que acabamos de ver, con el fin de conocer más este micromundo de las decisiones de escritor y buen hablista. De diestro caminante.

*Tres palabras recogen lo dicho:*
**decidir, caminar y escribir.**

En fin. Este volumen recoge la armonía con la que viene sonando mi tambor literario. Me refiero a la palabra escrita y breve, a mi nuevo andamio de creación.

Gracias por el apoyo a este trabajo creativo.

Te deseo los mejores resultados al explorar estas páginas.

**¡Buen viaje!**

# EL ARTE DE VIVIR

La vida es un reto con preguntas que aparecen sobre la marcha y que debemos resolver.

Algunas preguntas tienen respuestas. Con los interrogantes no resueltos, nos ayudan Dios y la Fe.

※ ※ ※ ※

El Internet acaba con la distancia. Con este llegamos a tantas personas, como talento y audacia poseamos. Es una buena herramienta para conocer gente de diferentes países y acceder a nuevos conocimientos.

※ ※ ※ ※

A medida que nos volvemos más realistas, concluimos que las luces y los sistemas de entretenimiento de las discotecas suelen terminar por convertirse en recuerdos brumosos y resbaladizos. El tiempo en estos lugares es casi improductivo.

※ ※ ※ ※

Mostrarse como no es, suele ser un autoengaño.

Posar de una cosa, cuando se es de otra, constituye una acción que colinda con la mentira. Y el mentiroso es presa fácil del autoentrampamiento. En las circunstancias descritas, la falsedad le pone la quinta pata a la mesa y se hace trampa a sí misma.

※ ※ ※ ※

## Amistad las 24 horas del día

El verdadero amigo es aquel que podemos llamar en una situación de urgencia o enfermedad a las tres de la mañana. A esa hora, ese buen amigo al que llamamos nos contesta con paciencia entredormida:

—Hola, ¿en qué puedo ayudarte?

El amor es de conexiones y energías, de reciprocidades. Si es tratado con desatención, busca otro nido; es decir, la relación a ruego y no correspondida termina por tomar el tren de los recuerdos. El amor que se mantiene es el que cuidamos y abonamos como el buen jardín.

Tres escenarios resumen el debilitamiento de la amistad:

1. La deslealtad tramposa.

2. El sentirnos utilizados.

3. La ambición insolidaria. Sugiere que la felicidad del ambicioso robotizado depende de las pasiones o debilidades de los demás.

Es mejor una persona solidaria que exija resultados, a una persona que no lo haga, pero sea insolidaria.

※ ※ ※ ※

Las almas solidarias nunca llegan a estar solas. Su pensamiento, vibración, luz y energía son los *imanes* que atraen a mujeres y hombres similares*.

※ ※ ※ ※

La experiencia me ha confirmado que las personas más indolentes con lo que le sucede a los demás, son las que más exigen solidaridad cuando tienen problemas. A este comportamiento lo llamo *ley del embudo*** de las relaciones interpersonales.

※ ※ ※ ※

## Perfeccionismo y resignación

Aquellos que viven con el "no me sirve nadie" (perfeccionismo), terminan aceptando que la vida les diga "te sirve cualquiera" (resignación).

※ ※ ※ ※

---

*Las aves del mismo plumaje vuelan juntas. Es decir, los temperamentos similares se atraen.

**En consonancia con **la ley del embudo** del comportamiento humano, dijo en cierta ocasión Martin Luther King: "Nada se olvida más despacio que una ofensa y nada más rápido que un favor".

## Sombras y luces

El remordimiento es una forma de vivir el infierno terrenal. Completa mi descripción una frase del poeta francés Paul Éluard: "Hay otros mundos, pero están en este".

Las dos líneas anteriores nos describen dos mundos: el de las sombras (egoísmo*, malas acciones y remordimientos) y el mundo de las luces (amor, gratitud y buenas acciones).

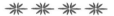

La vida no es una especie de monólogo preconcebido o una línea recta. La vida es una sucesión de sorpresas, decepciones y satisfacciones *entremezcladas*. Se vive para aprender, para saber qué debemos recordar y qué debemos olvidar.

El elogio maquillado y sin justa causa, suele ser la antesala de la traición. Francisco de Quevedo lo dejó claro hace siglos: "Bien puede haber puñalada sin lisonja, mas pocas veces hay lisonja sin puñalada".

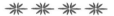

---

* En lo que atañe al egoísmo del que hablo, la cuarta ley descrita por Jordan B. Peterson, en su libro *12 reglas para vivir*, evita, disminuye o detiene el actuar de manera egoísta. Peterson describe su *cuarta ley* de esta manera: "No te compares con otro, compárate con quien eras tú antes". En un sentido similar, si el valor personal lo enfocamos desde lo que somos, o queremos ser (identidad), y no desde la competencia con los demás, el egoísmo desaparece en buena medida. N. del A.

El amor ha empezado a irse cuando ya no nos sorprenden gratamente los detalles que nos comparte nuestra pareja.

✳ ✳ ✳ ✳

No se concebiría este mundo sin seres queridos, nobles amigos, amor y gratitud. Sin estas descripciones mencionadas, estaríamos frente a un mundo monoparental, de ingratitudes inconfesables*, presas del desamor y los desencuentros.

✳ ✳ ✳ ✳

Es un error creer lo que nos insinúa subliminalmente Hollywood: que existen modelos de vida perfectos. El perfeccionismo de Hollywood cada vez se parece más a un modelo de simulación por computador y no a la realidad.

✳ ✳ ✳ ✳

El amor no se sustenta en lo perfecto, sino en la paciencia cariñosa y dialogante. Justo es decir que se mantiene a través de la solidaridad mutua que se amplifica con el paso del tiempo.

✳ ✳ ✳ ✳

Los diálogos son intercambios de opiniones y no de insultos. Cuando una persona insulta, lo que se ha

---

* "Poco bueno habrá hecho en su vida el que no sepa de ingratitudes".
Jacinto Benavente

alojado en ella es, por lo general, una de las siguientes manifestaciones (o la mezcla de varias de ellas):

1. Miedo (en cualquiera de sus formas).

2. Desespero existencial.

3. Angustia de no ser comprendida.

4. Ignorancia. Producto de la desinformación.

5. Creer que silenciar a los demás con vociferaciones es avanzar o aplastar la opinión ajena.

Nada más lejano de la realidad. Silenciar u ofender son retrocesos para quien profiere las ofensas.

✳ ✳ ✳ ✳

## Las voces del narrador (ti, segunda persona)

Un amigo se conoce verdaderamente por la forma en como se expresa de ti* cuando no estás presente.

✳ ✳ ✳ ✳

"Echar en cara" un favor se recuerda más que el propio favor.

✳ ✳ ✳ ✳

---

* Para los lectores que deseen profundizar en el tema de las diferentes voces narrativas, sugiero leer acerca de las voces del narrador en primera, segunda y tercera persona. Aquí dejo un buen ejemplo de lo expuesto:
"Los narradores pueden clasificarse según la persona que utilizan en mayor medida en su narración. La tercera persona (él / ellos), la segunda persona (tú / ustedes, vosotros), la primera persona (yo / nosotros)". https://www.ejemplos.co/15-ejemplos-de-narrador-en-primera-segunda-y-tercera-persona/. N. del A.

No se hace necesario guardar casi nada para una ocasión especial. Estar vivos y saludables ya lo es.

※ ※ ※ ※

El visionario es quien se asoma por la misma ventana que los demás, pero observa —a tiempo— los cambios venideros.

※ ※ ※ ※

Actualmente, con la masificación del uso de los teléfonos móviles, no llamamos a lugares, sino a personas. Esto se conoce como *nomadismo digital*.

※ ※ ※ ※

En el camino del amor, siempre sale fortalecido quien más amó.

※ ※ ※ ※

La vida no responde tanto a lo que la persona quiere sino a lo que es en realidad.

※ ※ ※ ※

## Del colegio a la universidad de la vida

La universidad de la vida nos enseña que la verdadera riqueza consiste en unos cuantos pasos básicos. Estos son:

Disfrutar de una buena salud.

Disponer de lo necesario.

Hacer buen uso del tiempo.

Hallar buenos amigos.

Poder caminar tranquilos.

\* \* \* \*

Solo se le tiene paciencia a quien se quiere.

\* \* \* \*

La verdadera amistad es un flujo de justas correspondencias.

\* \* \* \*

Como dice el proverbio: a camino largo, paso corto.

Pasos calmos. Exacto.

Paciencia... en eso consiste el arte de vivir.

Demos el tiempo justo al silencio para que nos dé las respuestas que buscamos. El agua turbia de ciertas cosas se aclara con tiempo y paciencia visionaria.

\* \* \* \*

Todo es pasajero, tanto lo material como las dignidades.

En cuanto al primero, somos simples tenedores de productos y servicios. Y en lo que respecta a las dignidades públicas y privadas, todos los funcionarios o trabajadores terminan de *ex*. Todos. Sin excepción. *Ex*presidente, *ex*gerente, *ex*deportista y tantos más.

❊ ❊ ❊ ❊

Cada nuevo logro potencia el impulso que se trae.

❊ ❊ ❊ ❊

El talento impulsa, pero el trabajo metódico concreta.

❊ ❊ ❊ ❊

Una de las destrezas del arte de vivir es hacerle el quite a lo desagradable.

❊ ❊ ❊ ❊

Pensar que todas las personas van a cambiar es un autoengaño. Unas sí, pero otras no lo hacen nunca. Nuestra habilidad estriba en detectar a tiempo las segundas *(aquellas que no cambian)*.

El tiempo es un bien escaso e irrecuperable. Una forma expresa de perderlo es insistir en cambiar las almas, tanto tercas como ingratas. A esta última característica la llamo *la aridez de la ingratitud*.

**Recalquemos:** si nos percatamos de ello en el momento oportuno, los vientos cambiantes del barco de la vida irán a nuestro favor.

❊ ❊ ❊ ❊

## El tiempo y el silencio

El tiempo y la paciencia son amigos que no fallan. Confucio nos lleva de la mano para recordarnos que "el silencio es un amigo que jamás traiciona", y la completa otra sabiduría milenaria: "dale tiempo al tiempo sin perder el tiempo".

※ ※ ※ ※

Volver al origen no es retroceder.

※ ※ ※ ※

Los años que no se convierten en experiencia y sabiduría son, más bien, intrascendentes. Los llamo *años inerciales*.

※ ※ ※ ※

El exceso de ambición empaña la amistad.

※ ※ ※ ※

Los cambios forzados crean resistencia.

※ ※ ※ ※

Eso que llamamos cambio de actitud inesperado en alguien es, en realidad, el viraje o vuelta de tuerca de quien está incómodo de fingir lo que no es.

※ ※ ※ ※

El palabreo interesado, acompañado de promesas, se convierte a menudo en mensajero de la decepción.

✳ ✳ ✳ ✳

El presente suele ser la lupa donde nos percatamos de las ligerezas inexpertas del pasado.

✳ ✳ ✳ ✳

La autoconfianza llega, por lo general, cuando ya no es indispensable el peaje emocional de la aprobación externa.

✳ ✳ ✳ ✳

Es el sentido imparable de la vida el que hace necesario que busquemos más momentos de felicidad. La ocasión se crea, no se debe esperar pasivamente.

✳ ✳ ✳ ✳

## Conocer a los demás es cuestión de paciencia

No se necesitan poderes adivinatorios y grandes esfuerzos psicológicos, y hasta matemáticos, para conocer a las personas. La gente sola, con el tiempo, muestra quién es.

✳ ✳ ✳ ✳

El tiempo no quita máscaras. El tiempo nos muestra cómo son en realidad las personas.

✳ ✳ ✳ ✳

## La música de la vida

*"No soy lo que me ha pasado, soy lo que decido ser".*

Carl Jung.

Los momentos de felicidad no suceden en forma de línea recta, a modo de sucesión de puntos, sino en forma similar a la nota musical. Es decir, dichos momentos llevan rectas y curvas, ascensos y descensos. Están entremezclados.

En este escenario vivencial que se desarrolla en forma de líneas y notas musicales, de probabilidades y sorpresas, podemos moldear con nuestra mente despierta la actitud con la que sorteamos el día a día de nuestras vidas.

Y una buena actitud es más de la mitad de la batalla cotidiana ganada.

✳ ✳ ✳ ✳

## El buen consejo debe llegar a tiempo

Cuando recibimos un buen consejo de alguien nos está haciendo ver lo que en ese momento no estamos viendo.

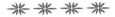

## Imaginemos que hay varios caminos de solución

Cuando queramos construir capacidad colaborativa, los límites están solo en nuestra técnica para imaginar **soluciones**.

A estas últimas llegamos por varios caminos, de la misma manera que para ir a un determinado lugar de la ciudad hay, por lo general, varias vías de acceso para tal fin.

Llevemos en nuestra agenda estas palabras de Neville Goddard: "La imaginación es el comienzo de la creación".

\* \* \* \*

Es apenas natural que el arrepentimiento llegue —a veces tardío— cuando se dio poco y se recibió mucho.

\* \* \* \*

El tiempo pone a la mayoría de las cosas en su lugar.

\* \* \* \*

## Autenticidad

Desde el comienzo de una interacción con otras personas debemos mostrarnos como somos: auténticos, sin cosmética digital. Ya que la imagen proyectada en la foto de la red social suele esfumarse pasados unos minutos de contacto personal.

La suntuosidad y el despilfarro por apariencia, como únicas referencias de estatus, implican, para quienes los padecen, una ansiedad permanente.

El desorden y el oportunismo a menudo se conectan. El primero genera retrocesos, y el segundo, decepciones.

## La reciprocidad es el alimento de la confianza

Las relaciones no funcionan cuando prevalece el "todo san venga y nada san vaya". Es decir, un "cálmate, y si esperas con estoicismo de ermitaño, lo que es bueno para mí es, quizás, a la larga bueno para ti también".

Lo analizado suena a guisa de egoísmo camuflado por el ya conocido *todo por la causa*.

"Si todas las personas en este mundo fueran egoístas no tendríamos un mundo donde vivir", escribe W.L Orme, y según eso, nos preguntamos: ¿hoy sentimos que el egoísmo aumenta o disminuye?

Que sea el lector quien, a través de la anterior pregunta y de un balance de sus experiencias, construya su propia respuesta.

## El poder discontinuo

Platón decía que "las personas se miden por lo que hacen cuando tienen poder".

Vale decir que la gente se comporta de una manera en circunstancias de búsqueda de poder o de necesidad de algo. Y lo hace de una manera bien diferente, ahí sí, con poder de decisión o bienes de fortuna.

Algunas personas no es que cambien, sencillamente deciden mostrarse como son en realidad. No hay nada que desgaste más que una personalidad fingida o teatral.

## Las palabras amables atraen nuevos amigos

Siempre digo que si la vida es compleja por las buenas, cómo sería de difícil vivirla por las malas. Tarde o temprano, la opción diplomática triunfa. No es casualidad o improvisación que el último recurso, antes de comenzar las guerras, sea la diplomacia.

## La levedad de los momentos

Lo que decidimos llamar *tiempo de calidad de vida* en una realidad dinámica son, en esencia, *momentos discontinuos*. Quiere decir que los instantes felices y constructivos son intermitentes y finitos.

❋ ❋ ❋ ❋

## La transformación de la realidad a través de nuestros pensamientos

*"Tu actitud mental te será enviada de regreso, siempre, y será del mismo tipo".*

Orison Swett Marden (1922).

Nuestra calma existencial empieza cuando interiorizamos en nuestra conciencia una verdad eterna: el reino espiritual (o centro de conciencia) tiene prelación sobre la materia.

En este preciso momento comprendemos que, a través de nuestras fuerzas de pensamiento, estamos conectados con la Mente Divina de la Infinita Abundancia. Con los mundos espirituales superiores, y somos conscientes de que, repito, creamos nuestra realidad a través de nuestros pensamientos*.

Sobre el particular, O. S. Marden dice que "la ley de prosperidad y la abundancia es tan definitiva como

---

* En tal sentido, el astrólogo Robert Martínez dice: "Lo que tú alimentas con tu atención se amplifica con tu energía. Y luego se densifica en forma de acontecimientos".

la ley de gravedad, tan infalible como los principios de las matemáticas. Es una ley mental". Léase bien, "Ley Mental".

A esta meditación la llamo *la matemática creativa del pensamiento* y debemos tenerla presente en nuestras decisiones.

✳ ✳ ✳ ✳

La presencia de una sumisión dependiente o de una culpa anticipada detienen los procesos de cambio y sus consecuencias positivas.

✳ ✳ ✳ ✳

El arte de vivir es fluctuar entre la reflexión y el interrogante. Es pensar sin ansiedad, teniendo como referentes el hablar consigo mismo y la orientación experta.

✳ ✳ ✳ ✳

## La velocidad de aprendizaje marca una gran diferencia

## No es lo mismo aprender en un mes que en un año

Cuando se aprende a tiempo, es experiencia práctica; cuando se aprende tarde, se puede interpretar como desilusión prolongada.

La velocidad de aprendizaje es definitiva por un motivo: *la ignorancia*, la cual en asuntos aparentemente sin importancia, puede llevarnos al abismo.

Hay que grabarlo a fuego, no es lo mismo aprender despacio que rápido.

✳ ✳ ✳ ✳

Lo bueno en exceso pierde su encanto, se vuelve antiseductor. Hasta la amabilidad excesiva puede ser vista como debilidad.

✳ ✳ ✳ ✳

Lo que sembramos fuera con nuestras acciones, tarde o temprano, regresa y toca la puerta de nuestra casa.

✳ ✳ ✳ ✳

Es usual que el propósito de las maquinaciones utilitarias sea el de crear ilusiones tramposas.

✳ ✳ ✳ ✳

## Decepciones que potencian nuestra actitud

La decepción preventiva utilizada como freno para conocer nuevas personas y compartir experiencias puede llevar a que los sueños y las metas no se cumplan. Considerando que decepciones tenemos todos.

Las experiencias, o impulsores de creación, no se pueden espantar por decepciones que, con el tiempo, se vuelven sesgos.

## Realismo simpático

*"A pesar de la oposición y la competencia, una cierta corriente de pensamiento de simpatía une a los más exitosos".*

Prentice Mulford (1834-1891)[*].

Es más útil un realismo simpático que una decepción preventiva.

El realismo es probabilidad de logro e intención, mientras que la decepción es emoción y freno.

Con el primero, creamos. Con la segunda, repelemos y nos desconectamos de la Fuente Infinita de la Abundancia.

Tener criterio propio y no dejarse influenciar por comentarios dañinos, son señales inequívocas de madurez emocional.

**Atención:** un mal comentario destruye en segundos una relación de muchos años.

---

* Mulford, Prentice. (2017). *Leyes y Secretos en el mundo del pensamiento: Enseñanzas de Prentice Mulford.* Wisdom Collection.

Escondido en un *vamos a ver* está un *no* diplomático, o una postergación indefinida.

❋ ❋ ❋ ❋

Hay monedas que hipotecan la voluntad. Siempre se debe conocer muy bien a quien se le solicita tal suerte de favores.

❋ ❋ ❋ ❋

Con el tiempo prevalece la nobleza espontánea del sentimiento sobre el cálculo del cinismo oportunista.

❋ ❋ ❋ ❋

## Palabras que sanan y silencios que alejan

Hay palabras que se vuelven la alquimia que genera nuevos contactos y logros. Y hay ciertos silencios, tipo guerra fría, que llevan implícita la maquinación utilitaria y la manipulación.

No toda palabra es ruido, también es buena energía. Y hay silencios que no son de solidaridad, sino tablas para medir posibles debilidades.

# Del paracaidismo y el *bungee jumping* en los cambios de la vida

Es casi seguro que cuando estamos bien, la gente nos busca y se toma la paternidad de nuestros logros o de ser nuestros amigos desde los inicios, aunque hace años no hayan vuelto a tener contacto con nosotros. Por cierto, en estas circunstancias especiales, a menudo, trabajamos siempre al "debe", nunca terminamos de pagar los favores recibidos.

Pese a lo anterior, no es en estas oportunidades de aprendizaje como conocemos a las personas. La mejor manera de saber quiénes son los verdaderos amigos es en los reveses transitorios o cuando las gentes —algunas con personalidad de paracaidistas— no nos necesitan.

**Repasemos la situación:** Enfatizo que en esta vida hay muchas personas que no son así. Estas son nobles, solidarias y aparecen cuando más las necesitamos. Pese a que el primer escenario descrito, el del entorno de los amigos del *bungee jumping* de la conveniencia, ha sido experimentado por muchos.

Por estas razones, cada lector tiene la responsabilidad* de escoger de manera selectiva sus compañías.

---

* La gente práctica no busca culpables. Creen en sí mismos. Vibran alto para atraer abundancia. Estas personalidades exitosas sonríen, aprenden, corrigen a tiempo y siguen su camino. N. del A.

Tan importante como saber sembrar es conocer dónde hacerlo.

✳ ✳ ✳ ✳

## El orden RDAT del amor estable

En el amor de pareja hay unas características básicas que debemos revisar cada cierto tiempo:

Respeto.

Deseo.

Admiración.

Tolerancia.

✳ ✳ ✳ ✳

## Es de amigos hacer ver las cosas, avisar

Es la progresión de los años la que nos confirma quiénes son los verdaderos amigos.

No es en los días exitosos y de ascenso continuo como conocemos a plenitud a las personas. Estos días son como una niebla que nos dificulta observar quién es quién.

Ahora, con frecuencia digo que en la clausura de nuestras profesiones terminamos por reencontrarnos en las calles, en los parques o en los centros comerciales, entre otros. Salvo situaciones y circunstancias especiales, he comprobado que así es. No es un hecho aislado, es un patrón que se repite. Es justo allí, en la época del retiro, donde no se piensa en términos de cuenta de pérdidas y ganancias, solo queda la semilla, la ley de causa y efecto de nuestras acciones.

El hecho curioso es que, cuando hablo con mis amigos de estos temas, pienso en lo que acabo de dibujar y desgranar con mis palabras en estos párrafos. Por eso lo digo y lo escribo, porque quienes nos avisan las cosas a tiempo, nos guste o no, son leales a la amistad. No fallan.

✳ ✳ ✳ ✳

Nuestra pareja se conoce de verdad en los reveses pasajeros y en las enfermedades. En ese momento vemos de qué madera está hecha la persona que nos acompaña, puesto que en los tiempos gozosos están todos. En la celebración de los éxitos, las personas aparecen solas. Nos buscan.

✳ ✳ ✳ ✳

Un error común de las personas generosas, de quienes lo entregan todo, es autosabotearse con la pregunta: ¿qué pudimos haber hecho mal?

✳ ✳ ✳ ✳

No reconocer los errores se convierte, tarde o temprano, en autoengaño.

✳ ✳ ✳ ✳

Cuando adquirimos suficiente experiencia, nos damos cuenta de que el amor no se trata de edades o colágenos pasajeros de la piel. No.

El amor es respeto, tolerancia, empatía y vibraciones complementarias. En realidad lo que cuenta es el deseo sensato, la calidad humana y la solidaridad.

❋ ❋ ❋ ❋

Pequeñas llaves abren grandes puertas.

❋ ❋ ❋ ❋

Sucede, con alguna frecuencia, que las personas más descomedidas son las que más reclaman el comedimiento de los demás. Nadie debe exigir lo que no practica.

❋ ❋ ❋ ❋

La distancia simpática cautiva más que la saturación presencial.

❋ ❋ ❋ ❋

## La opinión experta

Cuando recibimos una opinión experta y acertada de alguien, lo que sucede es que nos hace ver lo que en ese momento no vemos.

Muchos desiertos de incertidumbre evitan una buena orientación recibida a tiempo.

Siempre se debe agradecer a la persona que nos comparte tales luces de sabiduría y pragmatismo.

## Verdades y conveniencias

Es algo paradójico: hay verdades que, en principio, incomodan; pero, a su vez, hay hipocresías amables. A mi juicio, siempre será mejor la verdad, independiente de la forma como la comunique cada persona.

La verdad suele incomodar de momento, pero libera de forma continua.

* * * *

La falta de conocimiento y la impaciencia alejan las oportunidades.

* * * *

## Conciencia*

*"Y una vez que estés despierto, permanecerás despierto eternamente".*
Friedrich Nietzsche.

---

*Conocimiento claro y reflexivo de la realidad. (RAE)

Invito al lector, antes de continuar esta lectura, a releer el significado de conciencia en el pie de página.

Correcto, ya lo releímos. Habla del conocimiento claro y realista de nuestra existencia circundante y del modo de conectarnos con ella. Asumo que el lector tiene ya su propia conclusión acerca de la realidad propia y las implicancias con su entorno.

Para leer bien la realidad que abarque la conciencia y el entorno, debemos conocer tres palabras descriptivas que nos ayudan a ser más prácticos y mejores solucionadores de problemas:

1. Condición humana.

2. Pragmatismo.

3. Atención plena.

Ante este escenario descrito, hagamos el ejercicio de interpretar qué harían al respecto los siguientes pensadores en este mundo hipercompetitivo de hoy:

- Octavio Paz nos invitaría a profundizar en la comprensión de la condición humana actual.

- William James nos exhortaría a ser más pragmáticos.

- Chesterton nos describiría de qué se trata la plena consciencia que ilumina el camino.

Pregunta orientadora: ¿En este mundo de hoy se pueden ignorar los momentos complejos y crecientes que marcan a diario nuestras vidas? Me temo que no. Hay momentos que se salen de nuestra esfera de control. Los interpretamos y actuamos en consonancia, pero no los generamos.

**Solución:** para pararnos bien en el terreno vivencial de hoy, debemos tener claro el manejo de la condición humana (Octavio Paz) y nuestras reacciones frente a tal condición. Además, ante este hecho, ser un poco menos emocionales y más prácticos (William James). Después de ello, estar más atentos a que el examen de la vida, como los exámenes académicos, los gana quien pone más atención (Chesterton).

Brújula y resumen

Condición humana ✓

Pragmatismo ✓

Atención creciente ✓

❋ ❋ ❋ ❋

Cuando le fallamos a alguien que nos valora, en realidad nos fallamos a nosotros mismos.

❋ ❋ ❋ ❋

## Primero creer

*"Lo verás cuando lo creas".*

Wayne Dyer.

No es ver para creer, sino creer para ver; porque si esperamos hasta verlo todo muy claro, ya será demasiado tarde.

Los que sí creyeron, llegan primero que los incrédulos.

✳ ✳ ✳ ✳

Ni pesimismo excesivo ni optimismo ingenuo. Hay una tercera vía: realismo.

✳ ✳ ✳ ✳

El perfeccionismo debilita la autoestima.

✳ ✳ ✳ ✳

El amor *a ruego* carece de armonía. No fluye. Es dependencia.

✳ ✳ ✳ ✳

El deseo realista nace de nuestra esencia, es legítimo. La expectativa exagerada es zigzagueante e impredecible.

Los deseos y las expectativas son diferentes. El deseo sensato mantiene vigoroso el entusiasmo; la mera expectativa emocional lo marchita.

✳ ✳ ✳ ✳

## Conocemos más a las personas de salida que de entrada

La esperanza de que no requerimos de nadie no es buena estrategia. El río de la vida, la historia y nuestra experiencia personal lo confirman una y otra vez que sí necesitamos de las personas. No es una introspección mecánica ni son hechos aislados, son patrones que se repiten y que los comprobamos poniendo atención[*].

Es un error "sacarse solo", romper puentes, quemar las naves de la amistad sin ton ni son. Desconectarse de todo y de todos sin justa causa. Especialmente con los contados pero buenos amigos que hay en esta vida.

El salvavidas de la amistad se necesita cuando uno menos lo imagina.

**Brújula:** aléjate de las personas nocivas y cuida mucho a quien te cuide.

## Paisajes, recuerdos, proyectos y realizaciones

El verdadero ganador es quien transita con paciencia y solidaridad el recorrido. Triunfar no es vencer a como dé lugar, así como tampoco lo es tomar por bandera la deslealtad y darles a los triunfos ajustes

---

[*] "No vale la pena vivir la vida que no se analiza". Sócrates

cosméticos. Como si se tratara de méritos pulimentados con Photoshop. Así no es.

Veamos por qué: llegar a la cima de la realización personal es renovarnos, conectar con amigos de verdad y servir mientras recorremos paisajes, recuerdos, proyectos y realizaciones. De tal modo que se transformen en experiencia y sabiduría.

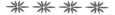

El valor de alguien o de algo se marchita con la sobreexposición. El exceso de oferta disminuye la expectativa y la valoración.

✳ ✳ ✳ ✳

## Cada oportunidad se construye

*"Todo fluye, todo cambia, nada permanece".*

Heráclito.

Las oportunidades se van presentando de forma similar a las imágenes de un vídeo. Por eso, y puesto que el mundo siempre está cambiando, es que esas ocasiones no vuelven atrás. Vienen otras, es posible; pero las mismas, no regresan.

Volver a juntar las fichas del juego circunstancial una y otra vez, raya en el ilusionismo. Es prácticamente imposible.

✳ ✳ ✳ ✳

Con más frecuencia de lo que parece, al que le hacemos el feo en la reunión es el que nos ayuda a desvarar el vehículo cuando vamos de regreso a casa.

✳ ✳ ✳ ✳

## Cambiar la forma de preguntar transforma nuestra realidad

No te preguntes "¿lo puedo hacer?". ¡Claro que lo puedes hacer! Es mucho mejor preguntarte "¿cómo lo hago?" o "¿quién lo hace?".

Ese cambio de interrogante aumenta la probabilidad de encontrar la solución.

✳ ✳ ✳ ✳

Del cielo, y sin esfuerzo, solo cae agua, alguno que otro asteroide y avionetas monomotor de pistón recién acabadas, sin mantenimiento. Todo logro requiere ganas y acción metódica.

✳ ✳ ✳ ✳

El amor es alquímico, balsámico y misterioso, a veces grato y, otras tantas, ingrato. Aunque siempre vale la pena ensayar el arte de amar.

✳ ✳ ✳ ✳

Es más fácil esconder un dictador depuesto que un amor interesado.

✳ ✳ ✳ ✳

## Tortuga versus liebre

*"Saber vivir sin prisa es una manera de ser rico".*
Bonnie Friedman.

Con el tiempo todo se sabe. Todo es todo.

El lenguaje verdadero es el de las acciones de las personas. Vamos despacio y mantengamos la calma. En esta vida no hay secretos eternos. He visto a la tortuga ganarle una y otra vez la carrera a la liebre.

Son muy escasos los escenarios en las que la liebre desbocada sea la que termine bien.

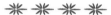

## Todo en sus justas proporciones

*"Ni tanto que queme al santo,*
*ni tan poco que no lo alumbre".*
Antiguo refrán.

La clave del logro, a menudo, está en la moderación y en la justa repetición que requiere la técnica.

Por ejemplo, todo exceso contradice el arte de sembrar: no seduce a las mujeres, a los caballeros, ni a la dama de la suerte. Incluso, el exceso de agua y de abono son perjudiciales para el crecimiento de una planta. La marchitan.

Los pensadores de todas las épocas dejan claro entre sus discípulos que el centro virtuoso es más acertado que los extremos.

✳ ✳ ✳ ✳

El que poco cumple, mucho promete.

✳ ✳ ✳ ✳

## Momentos y coyunturas

> *"A una persona se la conoce por cómo te trata cuando ya no te necesita".*
>
> Anónimo.

Las relaciones basadas en un interés indisimulable debilitan la confianza relacional. Esto es, cuando se camina de interés en interés, como cuando alguien se desplaza por una corriente de agua, de piedra en piedra. En una especie de *úselo y tírelo.*

Y estos últimos usos desechables, sin ningún género de duda, terminan por deformar la credibilidad de las personas.

✳ ✳ ✳ ✳

## Del parloteo al cambio consciente

No intentemos cambiar a las personas. Si alguien va a realizar modificaciones en su forma de vida, lo hará por sí misma. Poco a poco. Y lo hará a través del ejemplo que observa en los demás o de un hecho trascendental en su vida.

En psicología conductual se dice que los cambios de comportamiento son graduales y, muy pocas veces, inmediatos. No debemos esperar milagros en este aspecto.

El camino más indicado para el cambio puede ser un autoanálisis de causa y efecto. La mayoría de las veces, cambiamos a través de experiencias propias o de ejemplos de personas que nos mueven los cimientos de nuestra conciencia, más que a expensas de un parloteo alegón.

✳ ✳ ✳ ✳

El cincel de los años nos enseña que hasta las ganas hay que administrarlas.

✳ ✳ ✳ ✳

## El ruido soberbio de la victoria con el tiempo la vuelve pírrica*

La victoria administrada con soberbia pierde mérito y radicaliza a los perdedores transitorios. Ninguna derrota ni ningún triunfo son permanentes. El perdedor de hoy puede ser el campeón el día de mañana y viceversa.

✳ ✳ ✳ ✳

---

* Dicho de un triunfo o de una victoria: Obtenidos con más daño del vencedor que del vencido. (RAE)

Cuando se es dependiente de la aprobación externa sucede algo: solo se va a llegar hasta donde las opiniones cambiantes y ajenas nos lo indiquen. De esa forma, ¿dónde queda uno?

❄ ❄ ❄ ❄

## Tener claro lo que nos hace felices

Nos definimos desde adentro, desde el "YO SOY"*. Desde nuestra esencia y nuestros gustos, construimos nuestros propios indicadores de lo que nos hace felices y nos da tranquilidad. Ahí está la piedra angular del progreso tanto individual como colectivo.

"Ser el mejor es una falsa meta, tienes que medir el éxito en tus propios términos", dice Damien Hirst.

Y tiene bastante razón.

❄ ❄ ❄ ❄

La exigencia desproporcionada es un escalón que conecta con la soledad. Cuando todo tiene su *pero* e imperfección, estamos frente al "nada me sirve".

❄ ❄ ❄ ❄

## Intención y esfuerzo sensato

Hasta la ley de atracción y abundancia tiene como factor determinante el esfuerzo propio para acce-

---

* El "YO SOY" hace referencia al poder de los seres humanos de reconocer la presencia de Dios en cada uno de nosotros. N. del A.

der al logro. A este esfuerzo lo antecede la fuerza de la intención.

Así mismo, los ganadores y los perdedores se hacen casi las mismas preguntas y escriben sus metas en agendas. La diferencia radica en las decisiones y acciones que toma cada uno. Las acciones inteligentes inclinan la balanza a favor del éxito.

**Nota:** Una palabra ligera, una pérdida de concentración* en un momento crucial o una rabieta tiran por el suelo meses o años de trabajo y esfuerzo sostenido.

❋ ❋ ❋ ❋

La desdicha a menudo busca quién la acompañe.

❋ ❋ ❋ ❋

Hasta la primavera, si se volviera permanente y predecible, iría perdiendo su encanto. Sería antiseductora.

❋ ❋ ❋ ❋

La interacción constructiva es entre personas iguales. Una relación que fluya no puede ser un poder vertical que ordena, acapara y margina.

❋ ❋ ❋ ❋

_____

* "Cuando trabaja, trabaja, y cuando juega, juega; no permita que se mezclen". Jim Rohn

Nadie es menos que nadie, porque todos somos mejor que los demás en algo.

## Sazonar bien la vida

*"La excelencia de un líder se mide por la capacidad para transformar los problemas en oportunidades".*
Peter Drucker.

Hay que encontrarle el lado positivo y de enseñanza a todo en la vida.

Del mismo modo, una destreza en el ajedrez cotidiano es convertir los problemas en oportunidades de aprendizaje. Rolf Dobelli lo sintetiza como la gran habilidad de saber corregir.

**Nota práctica:** El camino de la vida se recorre corrigiendo el rumbo *sobre la marcha.* Debemos hacer redireccionamientos y ajustes cada cierto tiempo. El caminante perfecto, aquel que no se equivoca porque su camino es una suerte de cuadricula perfecta, no existe.

## En el cerebro se halla todo un universo de kilo y medio de peso

En nuestro cerebro coexisten la energía, la información y la materia. Los tres ingredientes descritos son la base del logro exitoso. Energía para atraer; Información para crear; y materia para concretar. Piénsalo, pues no es coincidencia que estos tres componentes del cerebro le den forma al acto creativo diario.

✳ ✳ ✳ ✳

La siguiente frase milenaria exalta el potencial cerebral cuando dice: "tienes la misma edad que el universo, porque la materia no puede ser creada o destruida, solo se transforma". Luego, dichas líneas universales se corresponden con nuestro mayor activo cósmico: el cerebro pensante.

Enhorabuena anotarlo y tenerlo presente.

✳ ✳ ✳ ✳

## La teoría sin práctica se olvida

La maestría llega básicamente con la observación entrenada y con la práctica. Mucho de lo que aprendemos se hace por repetición. En síntesis: la destreza se construye haciendo.

✳ ✳ ✳ ✳

## Lo que no vemos venir nos frena o nos saca del camino

El asunto no radica tanto en los problemas cotidianos que tratamos de solucionar. La verdadera cuestión se encuentra en los problemas que ignoramos o desatendemos. Como las malas compañías, el flujo de efectivo negativo y deudas eternas, la adicción a las apariencias y al consumo incontrolado, las molestias cotidianas autoinfligidas y tantos más.

Puse de primeras a las malas compañías porque estas, casi de seguro, llevan al fracaso. Hagamos un ejercicio de selectividad, que consiste en responder esta pregunta: ¿qué aportes positivos hacen a nuestra vida las personas tóxicas?

Es de personas sensatas comprender esta situación. Sin embargo, no se debe olvidar, ya que, si lo hacemos, seguiremos cometiendo el mismo error.

❋ ❋ ❋ ❋

Cuántos largos errores cometen las personas por no querer parecer débiles o predecibles.

❋ ❋ ❋ ❋

## Los éxitos y las oportunidades van pasando como los trenes

Las personas más exitosas que conozco viven de forma sencilla. Son descomplicadas.

Por cuanto aceptan que, a través del bailete de las horas, la apariencia y el brillo pasajero pueden sobrevenir angustias que, como el temporal, se han de capear y solucionar.

Estas personas son plenamente conscientes de que todo en esta vida es pasajero y nada nos pertenece.

Personas, experiencias y cosas solo nos acompañan por un tiempo determinado.

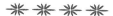

Cuando no se conservan los buenos amigos, es probable que la rotación de personas y encuentros pasajeros traigan serias desilusiones.

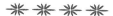

## Cuando las personas se convierten en tornados competitivos[*]

El estilo competitivo, conocido como "ganar a toda costa", hace que algunas personas vean en los demás una especie de adversarios, en vez de futuros socios estratégicos.

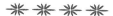

El que mucho escoge, raya en el perfeccionismo y con lo peor se queda.

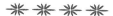

Quien se muestra siempre interesado, es decir, quien solo clasifica a las personas por lo que tienen, de cierta manera, se pone precio y se autoengaña, puesto que "con la vara que mide, será medido".

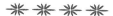

---

[*] Recordemos a las personas estilo tumbarranchos que menciono en este libro. N. del A.

Si aceptáramos nuestro entorno únicamente como hechos y pragmatismo económico con fines utilitarios, ¿dónde queda el lenguaje, el arte y la escritura, entre muchos más, como constructores de realidades alternativas y de realizaciones positivas?

## Mucho de lo que no se valora termina por necesitarse

La vida, en todo su ciclo, termina en interdependencia, conduciéndonos al terreno de las solidaridades de supervivencia y de la cooperación casi espontánea.

No existen los ermitaños eternos y tampoco son perpetuos por causas como la enfermedad, la ingratitud o las desventuras inesperadas.

Cuando nos pique el bicho de la soberbia, no tranquemos la puerta, dejémosla solo ajustada, entreabierta. Puesto que, de una forma u otra, por necesidad o decisión, llegará el día en que debamos abrirla de nuevo.

**Atención:** un buen remedio ante las vueltas inesperadas que da la vida es practicar la gratitud y la selección de buenas compañías (probadas y comprobadas en el fuego cotidiano de las satisfacciones y los reveses pasajeros).

## Avanzar es ir despacio, pero sin detenerse

El cambio es bueno porque hace que nuestros motores mentales trabajen con renovado vigor. En otras palabras, con toda nuestra fuerza de pensamiento. Esta renovación consiste en:

- Prevenir lo desagradable (hasta donde se pueda y se vea venir).
- Caminar casi siempre despacio.
- Medir o pasar por la balanza del realismo informado.
- Tomar correctivos.
- Innovar.
- Seguir adelante.

✳ ✳ ✳ ✳

La vida exitosa suele ser un ejercicio de paciencia previsora.

✳ ✳ ✳ ✳

## El tiempo destinado a la solución es menor al tiempo de la queja

Los colores del tiempo y las épocas siempre están cambiando. Nada permanece inmutable. Esta vida es de tonalidades, de grises, de claroscuros, de conciertos y desconciertos, de entre líneas y cambios rítmicos.

El comportamiento quejoso frena la previsión, la iniciativa y la adaptación exitosa. Debemos evitar a los quejosos, aceptarnos, crecer y continuar nuestro camino.

En lo que respecta a la queja —que nada soluciona y nos frena—, dice Rafael Vidac: "Con la mitad de la energía necesaria para expresar una queja, se empieza a construir una solución".

❈ ❈ ❈ ❈

## Despacio se observa mejor el camino

*"Para que sean útiles, nuestras creencias deben someterse a la lógica de la probabilidad".*

Daniel Kahneman,
Premio Nobel de Economía.

Ir despacio es tan efectivo como dar en el centro de la diana en el deporte del tiro con arco. En consonancia con esta visión, Daniel Kahneman* dice que "vemos un mundo más coherente de lo que es en realidad". Es prudente advertir que muchas veces la mejor solución surge unos minutos después de que se ha decidido.

---

*Daniel Kahneman es un psicólogo estadounidense e israelí exaltado por su trabajo sobre la toma de decisiones y economía del comportamiento. Premio Nobel de Economía 2002. Su principal libro es *Pensar rápido, pensar despacio*.

**Solución:** A excepción de una emergencia médica, en las demás parcelas de nuestra vida se debe decidir despacio y hacer mapas mentales o listas de comprobación, apoyados por dos amigos: nuestro lápiz y nuestra libreta de apuntes.

¡Sí! Hay que caminar por esta vida con lápiz y libreta como compañeros de viaje. La ventaja de llevarlos con nosotros es enorme.

**Meditación y hábito:** escribamos siempre las posibles decisiones que vayan apareciendo en nuestra imaginación (lluvia de ideas, alertas tempranas y posibles soluciones).

❋ ❋ ❋ ❋

Exaltar el "todo vale" como la victoria de la picardía, es un antivalor que torna confuso el escenario de hoy.

❋ ❋ ❋ ❋

## Imaginación solidaria

En el terreno colectivo, para establecer puentes de afinidades, debemos pensar en el otro*, es decir, comprender lo que sienten los demás.

Conservar la individualidad es necesario, pero sobrevalorar el individualismo narciso se puede convertir en un monumento a la superficialidad.

---

* Invito al lector a profundizar en un tema que, en teoría de juegos, se conoce como el dilema del prisionero. En este se explica cómo las personas durante sus decisiones, generalmente, piensan primero en su propio beneficio (equilibrio de Nash). N. del A.

Un pregón de libertad es hacernos cargo de nosotros mismos, sin que ello desencadene en indolencia por los otros o automarginación.

## Nuestra conexión con la Divinidad Infinita

Cuando crucemos el portal que une los dos mundos, donde habitan el gran Dios y nuestros arquetipos familiares, no nos preguntarán cuántos pantalones, camisas, coches y mansiones acumulamos; nos preguntarán si ayudamos a construir un mundo más justo para nuestro prójimo.

De eso se trata trascender desde la tercera dimensión al reino de la conciencia. A ese reino eterno que el médico psiquiatra, Raymond Moody, llamó en su libro de 1975, *Vida después de la vida*.

Pasar por encima de los demás hace que se bloqueen las salidas de emergencia y las reciprocidades instaladas en el tren que recorre nuestras vidas.

Por desgracia, para muchos, esta ley centrífuga de la vida se aprende tarde, a trancas y barrancas. Todo lo centrífugo nos aleja del centro de nuestro Ser, del "Yo Soy".

*Amar* y *necesitar* son conceptos bien diferentes. *Amar** nos entusiasma, nos acompaña en el camino hacia nuestras metas, nos libera. *Necesitar* se parece al pescado que llena la atarraya del indolente.

\* \* \* \*

La audacia impaciente, con frecuencia, se convierte en error. En otras palabras, la impaciencia sin freno y la ansiedad impensada sabotean lo bueno que hacemos, como lo hace la enredadera con sus raíces.

\* \* \* \*

La observación detallada, los mentores, la lectura selectiva y nuestra perspectiva del tiempo, nos aportan casi todas respuestas en el arte de vivir.

## Resumen

Observación entrenada

Mentores

Lectura selectiva

Perspectiva

\* \* \* \*

* "Cuando te gusta una flor, la arrancas. Pero cuando amas una flor, la riegas todos los días. Aquel que entiende esto, entiende la vida". Buda

## Resultados acumulativos

Lo resumo en el siguiente párrafo:

Tener varias opciones —o caminos alternativos— fortalece nuestra actitud, potencia la voluntad y aumenta las posibilidades de tomar mejores decisiones y conectar buenos resultados.

## Las huellas de la amistad

Recordamos siempre a quienes estuvieron a nuestro lado cuando de verdad los necesitábamos. Los que estuvieron en las adversidades pasajeras, en las regulares y en las buenas. Aquellos que, sin decirles, caminaron con nosotros hasta llegar al Everest de la realización.

Un verdadero amigo se agranda en todas las circunstancias, como si le pusiéramos una lupa. Mientras otros, al vaivén de las circunstancias, se transforman casi en extraños.

Estos nuevos extraños cambian como las nubes y se sienten lo lejos que están en el ritmo de cada oscilación cotidiana. Se sienten tan distantes como los astros que observamos con el telescopio. Vemos cómo se alejan paulatina y voluntariamente. Se convierten en una suerte de título de película: *Tacones lejanos*.

En contraste, los amigos verdaderos se conocen en buena medida cuando estos administran éxitos, son solidarios, buenos escuchando y tienen paciencia con los demás.

La necesidad, en cambio, no es un indicador para conocer a las personas. En estados adversos, la gente guarda silencios convenientes, mantiene apariencias y posterga bravatas.

En síntesis, los seres humanos muestran su verdadero rostro en la bonanza y el poder.

※ ※ ※ ※

Las relaciones humanas duraderas fluyen de forma natural. Rara vez el esfuerzo ansioso por complacer a los demás da resultados a largo plazo.

※ ※ ※ ※

## Quien no sabe esperar, no sabe merecer

A modo de metáfora, como si de dibujar con palabras se tratara*, sabemos que el arquero acierta en el blanco por su destreza para poner en práctica el arte de esperar el momento indicado. Sin duda, tarde o temprano, la diana termina por pasar.

※ ※ ※ ※

---

* "Los libros se «ven», no se «leen». Emplean palabras visuales". Carlos Salas

## Creer para ver

Quienes aplican lo contrario del "ver para creer", llegan tarde.

"Creer para ver" requiere de lealtad con uno mismo y con los demás.

"Ver para creer" suele llevar implícita la desconfianza que no materializa el logro.

## Amar y compartir

No es la duración, es la intensidad con la que se amó. No es quién ganó, es quién compartió más.

Al final, en el balance cósmico, tienen gran trascendencia dos variables eternas llamadas *amar* y *compartir*.

Las acciones correctas, fuera de tiempo, por lo general son improductivas. Se trata de acertar y de hacerlo a tiempo. ¿Qué sentido tiene que cuando están cayendo las bombas se empiecen a construir a toda prisa refugios antiaéreos?

Los tres escenarios de la pareja: lo tuyo, lo mío y lo nuestro.

## El tren sin freno de la montaña rusa

En muchos casos se necesita más destreza para detenerse que para arrancar.

Los comienzos y los progresos graduales son indicadores de buenos resultados. En cambio, el freno brusco del exceso trae consecuencias impredecibles. Todo esto sucede como consecuencia de no saber parar.

Por ejemplo, a un vehículo le causa mucho más deterioro conducirlo a velocidades excesivas que a una velocidad lenta y sostenida.

**En síntesis:** el que va despacio y sabe detenerse y acelerar de nuevo (solo si es necesario), es el que suele construir éxitos y tranquilidad.

## Seis características del líder de alto desempeño

1. Escucha con empatía a las demás personas.

2. Canaliza las buenas energías.

3. Esquiva las creencias limitantes y egoístas.

**4.** Comparte conocimientos.

**5.** Construye relaciones a largo plazo.

**6.** Llega a soluciones eficaces y de consenso.

✳ ✳ ✳ ✳

## De ayeres, presentes y futuros

La comunicación entre dos o más almas se vuelve telepática* cuando existe química entre ellas, cuando conectamos nuestra imaginación y sentimiento con las otras energías mentales.

Se da el caso de conexión, cuando se trasciende el cascarón corporal y vamos en busca de la proyección astral extracorporal de nuestra conciencia, hasta llegar a nuestro cuerpo sideral intercomunicativo.

En otras palabras, hay relación entre personas, así estén a miles de kilómetros de distancia de nosotros. Es algo que se siente.

Cada vez se conoce más acerca de la comunicación entre personas sin intervención de agentes físicos. Dos pioneros en estas descripciones telepáticas son Allan Kardec (1804-1869) y Prentice Mulford (1834-1891). Leyendo a estos dos autores se puede comprender más este tipo de fenómenos espirituales.

---

* Coincidencia de pensamientos o sensaciones entre personas generalmente distantes entre sí, sin el concurso de los sentidos, y que induce a pensar en la existencia de una comunicación de índole desconocida. (RAE)

Dichos escritores explican estas experiencias de manera sencilla y magistral.

✳ ✳ ✳ ✳

## Victorias individuales y colectivas

*"La máxima victoria es la que se gana sobre uno mismo".*

Buda Gautama.

Preparémonos. Para llegar a la mayoría de nuestras metas debemos hacer más del ochenta por ciento del trayecto en solitario.

Es satisfactorio tener compañeros de equipo que nos apoyen en las idas y venidas de la vida. Claro que sí (victoria colectiva), pero si por alguna razón no llega quien reme con nosotros, sigamos solos.

Creer en uno es fundamental.

✳ ✳ ✳ ✳

Si el camino es largo, ¿para qué aceleramos nuestros motores más de lo que necesitamos? Suele suceder que esas reservas se necesitarán más adelante.

✳ ✳ ✳ ✳

## Una vida es suficiente

La vida es un camino que se va recorriendo en medio de sueños, amores, alegrías, decepciones y sabidurías. Es una experiencia irrepetible, pero suficiente. Si se ha vivido bien, no tiene mucho sentido repetir un segundo examen Kármico.

❋ ❋ ❋ ❋

Tarea para hoy: escuchar y poner de acuerdo a nuestras voces interiores. Este es un ejercicio que hago todas las noches y que comparto con el lector.

❋ ❋ ❋ ❋

Cuando me preguntan: ¿dónde están la voz de Dios, su equilibrio y su balanza cósmica?, respondo: en nuestra conciencia.

❋ ❋ ❋ ❋

## Durante el camino pensamos, reorientamos y producimos

Cuando camino por diversos lugares de la ciudad, pienso; cuando pienso, conecto; cuando conecto, construyo ideas creativas, útiles y, finalmente, las convierto en prosa literaria y en práctica cotidiana.

En este libro están conectados dichos procesos conscientes de observación diaria.

❋ ❋ ❋ ❋

Una situación de dificultad, bien manejada, es una oportunidad para seguir creciendo.

Veamos:

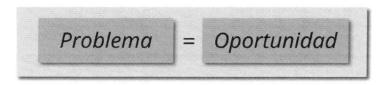

Problema = Oportunidad

❄ ❄ ❄ ❄

Una nueva idea que conectamos con las que ya transitan en nuestra mente nos trae grandes cambios y avances. La creatividad suele darse cuando se conectan conceptos, en apariencia, dispersos.

❄ ❄ ❄ ❄

La conexión entre una mayor sabiduría y el color de nuestro cabello, es manifiesta. En efecto, los dos van pasando de la oscuridad a la claridad.

❄ ❄ ❄ ❄

En la antigua Roma se decía *Rara sunt cara*, que significa *lo raro es valioso*. Y sí, lo auténtico es llamativo y seductor.

❄ ❄ ❄ ❄

Cuando se trabaja en equipo el todo es superior a la suma de sus partes. Y lo mejor, no hay dependencia en lo concerniente a las heroicidades aisladas. Es un "todos ponen meritorio".

La vida es esa especie de ajedrez que prueba a cada momento nuestra capacidad de amar, decidir y saber olvidar\*. Se avanza más cuando no nos dejamos frenar por la decepción.

✳ ✳ ✳ ✳

Cada gesto de indiferencia, cada proyectil verbal, termina por apagar el amor que tiende puentes solidarios y teje gratos momentos.

✳ ✳ ✳ ✳

## Cuando el olvido acerca y el recuerdo separa

Algunos olvidos construyen el respeto mutuo, y ciertos recuerdos separan por las imágenes pasadas e incómodas que llegan a nuestra mente.

✳ ✳ ✳ ✳

El abrazo de dos almas que se aman a plenitud se convierte en una chispa de eternidad.

✳ ✳ ✳ ✳

## La noche y sus conexiones

La noche es amiga de la creatividad.

Nuestros pensamientos en horas noctámbulas casi siempre terminan por conectarse. Y nosotros así lo

---

\* "La vida sería imposible si todo se recordase. El secreto está en saber elegir lo que debe olvidarse". Roger Martin du Gard, Premio Nobel de Literatura en 1937

intuimos: percibimos tales conexiones espirituales y las alquimizamos en palabras a causa de una invisible red de correspondencias.

## Amor versus amistad

Ciertos amores marchitan y las buenas amistades tranquilizan. El amor tiene memoria milimétrica. La amistad, por lo general, es intermitente en el tiempo, es tolerante y de reencuentros amables.

El amor exige y, a veces, raya en la venganza frívola; conduce frecuentemente a la distancia que no perdona ni conoce. La amistad, en cambio, es de comprensiones y esperas pacientes.

Tanto amor como amistad son necesarios. Lo ideal es que se complementen y no traigan decepciones. Ahora, habiendo dicho esto, es preferible una amistad solidaria a un amor que nos marchite y nos encapsule.

## No se dialoga, se mira el reloj

El pragmatismo contemporáneo fabrica saludos y nexos más superficiales. Esta nueva forma de trato se observa en el afanoso caminar y mirar el reloj* de las gentes de hoy.

---

\* Un indicador para conocer la atención que nos concede un amigo es cuántas veces observa el reloj cuando está dialogando con nosotros. Es un método eficaz. Ensayémoslo. N. del A.

## Pragmatismo sobre la marcha

*"El efecto accidental de las acciones que están fuera de tu control puede acarrear más consecuencias que las acciones que has llevado a cabo a conciencia".*

Morgan Housel[*].

Es muy difícil garantizar un resultado. Como si se tratara únicamente de un ejercicio cuantitativo. No obstante, a través de la planeación estratégica, se aumenta la probabilidad de que las metas se cumplan.

Asimismo, no se debe menospreciar esa dama caprichosa llamada suerte, puesto que casi siempre está presente en la ecuación del éxito.

❋ ❋ ❋ ❋

La verdadera riqueza es el tiempo de calidad que pasamos con quienes nos aceptan como somos.

❋ ❋ ❋ ❋

## Golondrinas y robles

En la vida, y en las redes sociales, hay dos tipos de contactos:

1. Golondrinas.

2. Robles.

---

* Escritor, experto en finanzas conductuales.

Los primeros, se van sin ton ni son; y los segundos, se mantienen firmes.

Las amistades golondrina de red social se alejan solas. Desaparecen en la bruma cotidiana de lo digital. Nos abandonan entre una publicación en la red y el cruce de una calle.

Solo hay que observar, pues las golondrinas tarde o temprano muestran sus intenciones, su flacidez de carácter y de qué madera están hechas.

Busquemos siempre robles; es decir, fuerza de pensamiento, carácter solidario y calidad humana.

## La magia de los pequeños ensayos

Te presento seis buenas prácticas sobre el arte de crecer:

1. Analizar, escribir la estrategia en una hoja de papel y tomar acción.

2. Dichas acciones constan de ensayos en pequeña escala (iterar). Todo ensayo lleva implícita una expectativa. Si ensayamos en grande, se puede perder en grande. Primero los ensayos pequeños, así, si estos funcionan, vamos aumentando tiempo, capital humano y recursos.

3. Hacer pausas creativas.

**4.** Realizar ajustes disciplinados[*].

**5.** Volver a las pausas creativas.

**6.** Continuar y repetir el proceso.

❋ ❋ ❋ ❋

## Es mejor atajar que arrear

El atajar es a la determinación lo que el arrear es a la indecisión.

¡Ay de la frialdad y la indecisión calculada!

❋ ❋ ❋ ❋

El ego inflado causa ceguera interpretativa.

❋ ❋ ❋ ❋

## El silencio que nos renueva diluye la decepción

En la decepción pasajera lo más indicado es optar por la calma y sus nuevos caminos. La decepción debe darnos sabiduría y no rabietas que enferman.

"Con cólera nada conviene más que el silencio", es la exquisita anotación milenaria de la poetisa griega, Safo de Mitilene.

❋ ❋ ❋ ❋

---

[*] Medir los avances es fundamental, definitivo. Se trata de no dejar las cosas al azar. Albert Camus escribió en cierta ocasión: "Empezaron a dejar todo al azar, y el azar nunca ha tenido compasión por nadie". N. del A.

Carlos Andrés Londoño

## Ser auténticos

Realizarnos es hacer del *detalle* una forma de vida, un exquisito arte.

¿Qué sería de la vida sin los detalles? La respuesta es que nos convertiríamos en algo parecido a los productos de marca blanca que vemos en las plataformas comerciales: todos parecidos e indiferentes.

※ ※ ※ ※

Cuando la fortuna —de por sí caprichosa y resbaladiza— llega muy pronto e inmerecidamente a la vida de alguien, no es raro que el ego desbocado, la indolencia y el utilitarismo terminen con las buenas rachas.

※ ※ ※ ※

## Subiendo y bajando nos encontramos

*"Arrieros somos, y en el camino nos encontraremos".*
Refrán.

La vida nos da lecciones. Una de ellas es la de llevarnos de nuevo al reencuentro con la gente y amigos del pasado, con aquellos a quienes creíamos dejar atrás por mecánica vivencial, desmemoria, indolencia o decepción.

En cuanto a la desmemoria o desatención, George Gurdjieff dijo: "Usted está dormido, no sabe quién

84

es porque no se conoce a sí mismo. Hoy es una persona, mañana es otra. Usted no hace las cosas, las cosas lo hacen a usted".

**Moraleja:** la gratitud está compuesta por el recuerdo consciente de los favores recibidos. Es negocio ser grato. Así como suena. Se escucha paradójico, pero nuestros destinos hacen que, al inicio, en medio o al final del camino, necesitemos a quienes olvidamos en un momento determinado. Es una constante en la vida.

**Ejercicio:** no olvidar a quienes nos han tendido su mano generosa en algún momento, ya que a una persona , como ya lo he dicho, se le conoce verdaderamente por la forma en como nos trata cuando no nos necesita.

La intuición o sexto sentido es la hilatura fina, el sensor que nos permite detectar los efectos invisibles de los hechos internos y externos. Nuestra intuición es un ancla personal que no traiciona.

※ ※ ※ ※

La oportunidad y la suerte no se presentan a modo de luz de estacionamiento. Estas son caprichosas, escurridizas y se dejan ver poco.

※ ※ ※ ※

El exceso de oferta causa abaratamiento.

❋ ❋ ❋ ❋

La ley del foco inversa y equivocada: darle más importancia a un defecto o error subsanable que a cien cualidades.

❋ ❋ ❋ ❋

El pragmatismo actual convierte la amabilidad en debilidad y hace de la caballerosidad una especie que parece dirigirse a su extinción. Solo el despertar de conciencia detiene esta tendencia deshumanizante.

❋ ❋ ❋ ❋

La necedad combinada con sonrisa no es seducción, sigue siendo necedad.

❋ ❋ ❋ ❋

La confianza personal es una dama que, con mucha frecuencia, solo abre una vez su corazón.

❋ ❋ ❋ ❋

## Dónde encuentro las soluciones que contiene este libro

Muchos de los encadenamientos de palabras que construyen este libro son producto interpretativo de mis encuentros y desencuentros en las lides de la amistad, del amor y del caminar cotidiano.

Asimismo, parte de este trabajo de no ficción son mis diálogos con quienes ya estuvieron en los lugares a los que quiero llegar. Los sitios a los que no quiero llegar los define mi conciencia, unas veces matutina, otras crepuscular y, en ocasiones, noctámbula.

❋ ❋ ❋ ❋

La imaginación y el sueño reparador suelen conectarnos con mundos posibles o entrevistos.

❋ ❋ ❋ ❋

Delegar es un dejar hacer con mediciones intermedias.

❋ ❋ ❋ ❋

Dirigir es:

- Capacitar.

- Entrenar.

- Medir y calibrar.

- Ser paciente.

❋ ❋ ❋ ❋

Los rumbos de la mente tienen muchas alternativas. Una de ellas es pensar con los ojos; es decir, ser un buen observador.

✳ ✳ ✳ ✳

Pensar es hablar con nosotros mismos. Es en esa calma monodialogal cuando nos interpretamos y aceptamos con mayor claridad.

✳ ✳ ✳ ✳

Los mejores momentos son aquellos que distan de la perfección. Tales instantes son imperfecciones casi perfectas.

✳ ✳ ✳ ✳

Si nos percatamos de que vamos en la dirección equivocada, no es necesario ir a la carrera. Y, casi siempre, si vamos en la dirección correcta, ¡tampoco hay que ir de prisa!

La cuestión es poner en práctica lo que Jim Collins describe como *marcha lenta pero segura*, o *marcha de las 20 millas*.

✳ ✳ ✳ ✳

## Noveleros de cruce de calle

En la etapa de trabajo arduo y anónimo cuenta conmigo. Porque a fin de cuentas, al llegar a la meta se sabe que abundarán los noveleros que estarán solo mientras duren tus éxitos. Mientras cruzas la calle del logro escurridizo y fugaz.

Asume con calma dicha realidad.

✳ ✳ ✳ ✳

Saberes, haceres y decires. En ese orden.

Miremos con lupa esta secuencia de palabras: para hacer hay que primero saber, y para decir, hay que saber y hacer.

✳ ✳ ✳ ✳

No busquemos en las huellas ligeras del bullicio mundano eso que llamamos *la verdad*.

¡Calma!

Nuestra conciencia silenciosa y apacible siempre nos la mostrará.

✳ ✳ ✳ ✳

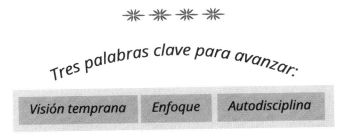

Tres palabras clave para avanzar:

| Visión temprana | Enfoque | Autodisciplina |

✳ ✳ ✳ ✳

El tiempo de vida en este planeta es una suerte de engranaje sin reversa.

## La maestría

Cada maestro o mentor tiene su propio estilo y conoce principios y técnicas que ha destilado con el tiempo y, casi siempre, a través del ensayo y el error.

Si logramos tomar y practicar las enseñanzas de cada consejero, aprenderemos hasta llegar a la maestría.

**Nota:** La clave es asimilar lo mejor de nuestros guías o maestros y, después, crear un estilo propio, una *marca personal*.

## El ritmo de la naturaleza

Sin tolerancia y paciencia es muy difícil lograr un mayor crecimiento personal. Esta frase de Ralph Waldo Emerson debería estar ubicada en nuestros espacios de creación: "Adopta el paso de la naturaleza: su secreto es la paciencia".

## Aciertos y desaciertos

Hay aciertos y metas que se olvidan, y que a menudo se recuerdan de nuevo con la aparición de antiguos errores. Del mismo modo que hay desaciertos que se convierten en buenos maestros porque no se olvidan ni se repiten.

❋ ❋ ❋ ❋

La paciencia y el talento son hermanos.

❋ ❋ ❋ ❋

Si queremos ver el lado más interesante de la condición humana, debemos quedarnos con la imagen positiva de los demás. La perfección humana no existe.

No hay cadena de montaje para ensamblar amigos que anidan en la perfección*.

❋ ❋ ❋ ❋

La experiencia ejemplar del adulto mayor se convierte en un buen atajo para el joven que la acata.

❋ ❋ ❋ ❋

---

* "El que busca un amigo sin defectos se queda sin amigos", enseña un proverbio turco.

## Nuestras voces internas

En nuestro interior habitan dos voces que tienen más repercusión que las demás. La primera, el yo actual, con toda la experiencia acumulada. La segunda, la voz de nuestros antepasados; aquella que nos advierte no perder nuestra esencia.

✳ ✳ ✳ ✳

La ansiedad es un esmeril invisible que enferma.

✳ ✳ ✳ ✳

Hay algo que en esta vida no tiene precio, no se consigue en los bazares de los oropeles y las vanidades: calidad humana y serenidad mental.

✳ ✳ ✳ ✳

La impaciencia excesiva confunde a los demás y crea resistencia. Es desacertada y antiseductora.

✳ ✳ ✳ ✳

## El gris como opción

Entre el blanco y el negro de la percepción está la opción productiva del gris. En el centro, que es gris*, están la mayoría de aciertos.

---

*Leo con recurrencia los mensajes y los textos de Morgan Housel. Este escritor y analista económico pondera unas líneas acerca del color gris de las decisiones de vida. Dice que "no debemos ver el mundo que tenemos delante como algo blanco y negro [...]. Apuntar al área gris —aspirar a cosas en las que es aceptable un abanico de resultados potenciales— es la manera inteligente de actuar". Este trasegar de caminante me confirma que casi todo es gris. N. del A.

Desconocer el gris de la vida es como negar la existencia del centro de una figura geométrica.

✳ ✳ ✳ ✳

## Paso calmo y sostenido

No es el que más corra; es el que combine previsión, ritmo tranquilo y audacia inteligente. No es acelerar hasta fundirse, es no detenerse. "No importa lo despacio que vayas, siempre y cuando no te detengas", decía Confucio (551 a.C.- 479 a.C.) varios siglos antes de Cristo.

✳ ✳ ✳ ✳

El exceso de control frena y acaba con la creatividad.

✳ ✳ ✳ ✳

Estos tres maestros nos ofrece la vida:

- Los propios errores.

- La observación consciente y entrenada.

- El ejemplo de los demás.

✳ ✳ ✳ ✳

Cuando dejamos de buscar la perfección, nuestra autoestima puede mover cómodamente sus alas.

✳ ✳ ✳ ✳

## El arte de la verdadera riqueza

Los principales componentes de la riqueza personal son:

> Disfrutar de una buena salud.

> Conocernos a nosotros mismos.

> Disfrutar la compañía de nuestros seres queridos (familia).

> Contar con amigos solidarios en todas las horas.

Parafraseando al prosista británico Arnold Bennet* (1867-1931), podemos decir que la esencia de la riqueza y el éxito se componen de tener unos medios dignos de subsistencia, un profundo conocimiento de uno mismo y una buena paz interior.

✳ ✳ ✳ ✳

## Los héroes anónimos

A la euforia de un instante de celebración la preceden muchas horas de esfuerzo silencioso.

No es quien más acelere en la vida el que más avanza, es quien menos frene y lleve un ritmo sereno y progresivo.

✳ ✳ ✳ ✳

_____

* Escribió un libro interesante de 107 páginas que se titula *Cómo vivir con veinticuatro horas al día*. Su trabajo como avezado escritor y novelista fue reconocido por escritores de la talla de H.G Wells, Joseph Conrad y Jorge Luis Borges, entre otros.

Se dice que una persona es visionaria cuando sabe diferenciar los sueños del realismo. Y si logra conectarlos, es un buen estratega.

✳ ✳ ✳ ✳

Recordamos con cariño a las personas cuando asociamos determinadas vivencias con los detalles que han tenido con nosotros.

✳ ✳ ✳ ✳

## Nuestro ángel de la guarda o ángel custodio

Los estados de expansión de conciencia se caracterizan por un diálogo telepático con sombras de antepasados, aparentemente, olvidados. Pero no hay tal.

Nuestro ángel custodio y nuestros ancestros desde algún lugar nos ayudan. A mi juicio, no debemos dudar de ello.

✳ ✳ ✳ ✳

## Confianza en nosotros mismos

*"En nuestros días, la habilidad más importante es la capacidad de contratar y conservar a los mejores".*

Brian Tracy.

¿Qué tienen en común los líderes destacados que se han hecho a pulso? La respuesta es: confianza en sí mismos para seleccionar a quienes poseen conocimiento experto.

Delegan en los mejores sobre la base de la destreza probada y de las metas claras.

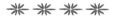

## Los espejos de la vida

El efecto espejo o rebote de la vida nos enseña que debemos desear el bien a los demás, puesto que la energía negativa que se transmite regresa a su punto de partida, como el búmeran. Y dicho punto vibratorio somos nosotros mismos.

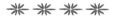

La estrategia del pensador sensato es la probabilidad. La posibilidad es su brújula. No existe la escrituración de la certeza.

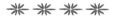

El complemento de la admiración mutua es el respeto. Donde hay respeto se mantiene la armonía y la convivencia.

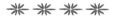

## La vida no da una o dos vueltas... ¡da muchas!

*"Lo importante no es escuchar lo que se dice, sino averiguar lo que se piensa".*

Juan Donoso Cortés.

No perdamos la postura en medio de una "vueltecilla" más de la vida.

Para llevar una marcha cotidiana, en relativa calma, tengamos en cuenta dos aspectos:

- *Entornos.*

- *Personas.*

Debemos ser observadores atentos del *entorno* y de los pensamientos que las *personas* comparten a través de sus palabras.

Es decir, hay que revisar los sucesos del mundo circundante. Así como nuestra actitud personal (el Yo interno) como herramientas de solución frente a los sucesos que se presentan sobre la marcha. Puesto que se trata de cometer cada vez menos equivocaciones a través de la experiencia acumulada.

Hasta Peter Lynch, considerado uno de los mejores inversores de nuestros días, establece sus aciertos, en términos de probabilidades, de la siguiente manera: "Si eres espectacular en este negocio, aciertas seis veces de cada diez".

Hasta aquí hemos analizado el entorno.

Ahora veamos el aspecto de las personas, o lo que llamo *administración del buen genio individual*.

Empecemos con lo dicho por Albert Einstein al respecto:

*"Si quieres entender a una persona, no escuches sus palabras, observa su comportamiento".*

Digamos que, en lo atinente a las personas, no son tanto las palabras; son los pensamientos escondidos (individuales y colectivos), que se vuelven comportamientos, los que debemos atrapar e interpretar en medio del ruido cotidiano.

Ahí radica el arte del pensador paciente y experto.

✳ ✳ ✳ ✳

Una buena orientación a tiempo es mucho más importante que el dinero. ¿Por qué? Porque la orientación experta evita un sinnúmero de errores innecesarios.

✳ ✳ ✳ ✳

Los cambios que perduran tienen, por lo menos, dos características: son planificados y lentos. Van cogiendo forma y tendencia sobre la marcha.

✳ ✳ ✳ ✳

## Recuerdo y optimismo

Los recuerdos no tienen tiempo ni distancia; permanecen en nosotros y en el orden cósmico.

Tales recuerdos adolecen de una percepción cuadricular enmarcada en pasado, presente y futuro. Por ello, retomar los buenos recuerdos* nos ayuda a continuar nuestra marcha de forma animosa y esperanzadora.

✳ ✳ ✳ ✳

No es justo en nombre de una decepción que se le cierren las puertas al amor.

✳ ✳ ✳ ✳

Así como hay cosas que por algo pasan, hay otras que por algo no pasan.

✳ ✳ ✳ ✳

Preguntar es una buena forma de aprender. No temamos preguntar cediendo espacio al qué dirán.

✳ ✳ ✳ ✳

Las sociedades decaen cuando muchos andan en *lo suyo* y pocos construyen *lo nuestro*.

✳ ✳ ✳ ✳

---

* "Hay un dicho que es tan común como falso: "El pasado, pasado está, creemos". Pero el pasado no pasa nunca, si hay algo que no pasa es el pasado; el pasado está siempre, somos memoria de nosotros mismos y de los demás [...] Somos la memoria que tenemos". José Saramago - Fuente: *Una semana con Saramago* (apuntes de Jorge D. Jiménez P. Sobre la intervención de José Saramago en la Universidad de Granada, del 18 al 22 de abril de 2005).

## Escenario ganador

Mientras los desconcentrados andan en su fiesta eterna, los ganadores ensamblan una buena técnica de aprendizaje.

❄ ❄ ❄ ❄

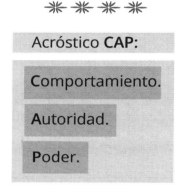

Acróstico **CAP:**

Comportamiento.

Autoridad.

Poder.

Esta trilogía de palabras CAP es la secuencia (mapa) que nos muestra el camino al éxito. En cuanto a la palabra poder, no debe clasificarse solo como poder económico y mediático. No. Léase "poder" como logro exitoso, como realización personal.

Veamos con más detalle el encadenamiento de cada palabra que integra el acróstico CAP.

Se explica desde el último peldaño (el de poder) así:

El poder (P) resulta de la autoridad (A) que proyectan las personas. Y la autoridad nace del comportamiento acertado (C).

De eso se trata la herramienta o arte del liderazgo CAP.

❄ ❄ ❄ ❄

## Consensos y equipos

En los equipos que buscan resultados específicos es tan importante sumar como evitar oposiciones innecesarias. Tales oposiciones equivalen a graduar enemigos. Estas últimas, se solucionan con consensos y diálogos interpersonales.

## Las lejanías amables y generosas

La persona que nos ayuda a levantar de una caída suele ser alguien lejano a nosotros, pero generoso. Es paradójico: casi todos los problemas inesperados (de orden médico, por ejemplo) los atienden y solucionan profesionales que no nos conocen.

Los líderes estilo tumbarranchos —tipo buldócer, todo o nada— no tienen en cuenta esta norma de conducta. Es una ley de la vida. Y así es difícil que accedan a grandes responsabilidades.

**Moraleja:** Los puentes conversacionales no se destruyen, se mantienen.

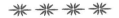

Muchas veces el amor llega o regresa cuando ya vamos en retirada.

## La palabra materializa

El modo en cómo nos hablamos a nosotros mismos toma forma en la realidad. Es sano mantener lejos a nuestro crítico interior y a los críticos externos.

✳ ✳ ✳ ✳

La publicidad engañosa distorsiona la esencia del mundo libre.

✳ ✳ ✳ ✳

Si damos muchos detalles de algo que apenas comienza, es posible que nos sorprenda lo poco que puede durar.

✳ ✳ ✳ ✳

El mal humor es el veneno de la amistad y del amor.

✳ ✳ ✳ ✳

La búsqueda permanente de aprobación externa opaca la autenticidad de las personas y frena su espontaneidad.

✳ ✳ ✳ ✳

La memoria selectiva —y voluntaria— nos trae más sonrisas y nos evita enemistades innecesarias. Lo que machacamos con el recuerdo innecesario, nos aflige.

✳ ✳ ✳ ✳

La perseverancia creativa construye avance y motivación.

Cada persona que pasa por nuestras vidas es un maestro que viene a enseñarnos lecciones que, hasta ese momento, no habíamos comprendido.

## El liderazgo y los proyectos funcionan con objetivos claros y equipos expertos

El modelo de liderazgo, concebido como un poder vertical que silencia pertenece a la Era Industrial, tuvo vigencia hasta hace más o menos medio siglo. Hoy en día, el liderazgo es circular e incluyente.

En síntesis, están en boga los proyectos que se lideran con las siguientes características:

- Gerencia por objetivos (mediciones intermitentes y agendadas).

- Planeación detallada.

- Cultura participativa (un equipo experto para cada tema).

Una cosa es asumir una actitud sensata que conlleve al triunfo, y otra bien distinta es ser inmerecidamente triunfalista.

✳ ✳ ✳ ✳

La mayoría de los grandes inventos y las realizaciones humanas han sido jalonados por soñadores perseverantes.

✳ ✳ ✳ ✳

## Cosechamos lo que sembramos

*"En concreto: si después de un primer acto de buena voluntad mi antagonista se muestra cooperativo, entonces me comportaré igual durante el siguiente paso. Pero si no se muestra cooperativo y se provecha de mí, entonces tampoco cooperaré en el futuro".*

Rolf Dobelli.

La ruptura de cualquier tipo de relación aparece en el momento en que se presenta un desequilibrio entre lo que damos y lo que recibimos.

La creencia de que ser listos es que nos vaya bien, aunque los demás queden a la buena de Dios, es un autoengaño.

El egoísmo —bien maquillado— pasa desapercibido una vez. Quizá dos veces. Pero entre el tercer y cuarto trato interpersonal de dicha índole, si somos buenos observadores, nos percataremos de ello, siendo ese momento en el que se erosiona la confianza. Y sin esta última, no hay tratos sostenibles en el tiempo.

Este tema lo resume bien Rolf Dobelli* cuando dice: "Si más tarde la persona vuelve a hacer concesiones, en consecuencia, me vuelvo a mostrar cooperativo".

Es así de claro.

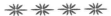

## Los consejos se comparten cuando son solicitados

Un consejo no solicitado trae, en la mayoría de los casos, por lo menos dos consecuencias:

**Primera.** Que no se acierte en el consejo expresado, y cargue con la responsabilidad del desacierto quien dio el consejo.

**Segunda.** Que el consejo sea el indicado, y no se nos reconozca el mérito de dicha orientación.

**Moraleja:** Hay que dar pocos consejos y, además, que sean solicitados por la otra persona.

---

*Dobelli, R. (2018). *El arte de la buena vida*. Paidós

## Reorientación* y acierto

*"La planificación a largo plazo es más difícil de lo que parece porque, con el paso del tiempo, los objetivos y los deseos de la gente cambian".*

Morgan Housel.

Cuando hablamos de mundo físico hacemos alusión a cambios que son inevitables. Y si hay cambios —cada vez más rápidos—, las opciones y las probabilidades están a la orden del día.

Los cambios sobre la marcha son claves. En este marco, John Maxwell advierte que "el éxito es el resultado de la acción continua llena de ajustes continuados".

Es más, debemos saber seleccionar las opciones y el momento en el que nos encontramos. El momento y el entorno juegan un papel primordial.

Por ejemplo, no veíamos el mundo igual cuando teníamos 18 años que a los 40. Pero, actualmente, no se ve el entorno de la misma manera cuando se tiene 18 años que 19. Así de clara es hoy la disminución de las percepciones entre una edad y otra.

---

* Cambiar la dirección de algo. (RAE). En este libro hago el ejercicio perseverante de construir juegos de palabras, frases y párrafos que comprendan todos los públicos lectores. Por tal razón, cada que sea necesario, comparto los significados de ciertas palabras clave. Cada nueva palabra que agregamos a nuestro vocabulario, cada nueva frase o párrafo que se posa en nuestra mente es una herramienta práctica para dialogar y tomar nuevas decisiones. N. del A.

Para cerrar la idea, el mundo actual y sus cambios rápidos e inesperados no se pueden desconocer al leer la realidad.

## Las personas amables no cambian con las preocupaciones pasajeras

*"La gente inteligente no se ofende,*
*ellos sacan conclusiones".*

Agatha Christie.

Podemos decir que somos más comprensivos e inteligentes en el ámbito emocional si, después de una o varias jornadas difíciles, nos mantenemos amables con las demás personas.

Nadie debe "pagar el pato" por nuestras preocupaciones sentidas en otros escenarios, es decir, traídas de fuera.

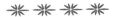

## El teléfono no se creó para contar nuestras vidas, sino para acortar tiempo y distancia

En estos tiempos de tanta conectividad, un modo eficaz para gestionar ciertas llamadas telefónicas —las de orden laboral e instrumental— es el de atender básicamente dos situaciones: saludos y citas.

Pongamos un ejemplo: cuando uno llama a un consultorio médico lo que busca es una cita. Y no contar previamente todo el caso por el teléfono; pues, si lo contase por el teléfono, ¿qué motivo habría para la cita?

❋ ❋ ❋ ❋

## Las derrotas del triunfalismo

En cierta ocasión le pregunté a uno de mis mentores:

—Maestro, ¿por qué venciste en esta contienda a tu adversario?

Y mi querido y recordado maestro me respondió:

—Querido amigo, vencí a mi contradictor transitorio porque él estaba confiado (triunfalismo adulador) en que me vencería, y esto hizo que muy pocos en su equipo trabajaran como se debía (a media marcha).

❋ ❋ ❋ ❋

## La incontinencia verbal

El problema básico al escuchar es que no lo hacemos con el fin de comprender y crear confianza con una buena respuesta. Solo esperamos impacientes el turno para hablar.

❋ ❋ ❋ ❋

Observa, clasifica, optimiza.

❋ ❋ ❋ ❋

## Conóceme, te presto mis zapatos

*"Ponerse en el lugar del otro casi nunca funciona. [...]*
*Si realmente quieres entender a alguien,*
*debes tomar su lugar: no solo en el*
*pensamiento, sino en la práctica".*

Rolf Dobelli.

Un buen camino que nos lleva a la ecología conceptual, consiste en tratar, conscientemente, de comprender al otro. Ponerse en los zapatos de las demás personas y vivir la experiencia ajena a plenitud (cambio de roles) para comprenderlos en su totalidad.

Es menester recordar que, en múltiples ocasiones, pasamos la vida anhelando espejismos y mascaradas ajenas, atascados en una madeja de interpretaciones ligeras.

Pero cuando nos acercamos al terreno ajeno y "deseado", damos gracias a Dios por la causa propia, y es en ese preciso momento que levantamos las cejas —o fruncimos el ceño— ante tal revelación.

❋ ❋ ❋ ❋

## Escuchar con atención, sonreír y continuar nuestro propio camino

En mi adolescencia, juzgaba casi sin meditar. Más tarde, en la treintañez, pensaba, pero el ego hacía que juzgara con aires un poco ligeros.

Hoy en día, no juzgo; solo pienso pausadamente y obro en consonancia con los dictados de mi conciencia serena.

✳ ✳ ✳ ✳

El amor es la comprensión empática entre dos almas que se acompañan.

✳ ✳ ✳ ✳

En el amor de verdad, en el que vale la pena, es usual que la persona que termina por arrepentirse es la que menos aportó a la relación.

✳ ✳ ✳ ✳

## Promesas y decepciones

Las promesas ligeras tienen una gran similitud con la goma de mascar. Al principio, se siente la ilusión del delicioso sabor; después, el buen sabor desaparece y llega el desencanto.

Aquí encaja bien la expresión "primero los dulces y después los amargos".

✳ ✳ ✳ ✳

## Cuándo es *sí* y cuándo es *no*

Decir *no* como mecanismo de defensa, casi por condicionamiento pavloviano, es tan desacertado como responder *sí* a todo*.

La virtud está en el justo medio, en saber decir *sí* y saber decir *no*, con fuerza de carácter y calma, sin dar tantas vueltas y sin irse a los extremos.

"La mayoría de nuestros problemas son por decir *sí* demasiado rápido y *no* demasiado tarde", leemos en aquellos libros selectos.

Pues, en lo que a evitar excesos se refiere, hay una frase de Nietzsche, de su *Correspondencia*, que nos llama a la moderación decisional: "Es más fácil aferrarse a una posición completamente extrema que moverse sobre el justo medio sin salirse del lugar".

Paciencia y sentido de las proporciones, de eso se trata el arte de vivir.

❋ ❋ ❋ ❋

La especulación se alimenta de la desinformación.

❋ ❋ ❋ ❋

---

* La falta de carácter es un autoengaño. Las expectativas creadas por no tener el valor de decir sí o no, con respeto y carácter, terminan siendo interpretadas por los demás como un engaño. Sin embargo, no son engaño, mentira o cosa parecida. No. Son el temor de decidir de las personas acerca de cuándo comprometerse y cuándo no. Bismarck lo dejó claro cuando dijo: "Es un gran mal el de no saber decir con resolución sí o no". N. del A.

Solo la confianza en nosotros mismos, en última instancia, desvanece la duda que a veces nos visita.

❋ ❋ ❋ ❋

La amistad, cuando trasciende tiempo y fronteras, es una calle vivencial de doble vía. Un intercambio justo que espanta soledades.

❋ ❋ ❋ ❋

Solo a través de un esfuerzo consciente de prudencia previsora o anticipatoria es como podemos reducir la probabilidad de que llegue un suceso adverso.

❋ ❋ ❋ ❋

## El conocimiento se debe buscar; el conocimiento se construye

La verdad no es lo que se hace creer. En realidad, las claves encriptadas de la sabiduría se hallan en las voces internas —y silenciosas— que se alojan en nuestra conciencia.

Están en uno mismo. Nuestra misión es conectarnos con dichas verdades.

La lectura de la realidad y su comprensión no nos llega en patines o ruedas domiciliarias. El conocimiento de los grandes temas de la vida debemos buscarlo, construirlo paso a paso.

## La seducción del que sabe escuchar

Guardar silencio es una forma eficaz de escuchar y comprender el mensaje de otra persona.

Se aprende mucho más de los silencios que de la automaticidad de las palabras.

El desbordamiento de las palabras suele conducir al error. Hay mucha más probabilidad de acertar en nuestras comprensiones al escuchar que al hablar*.

❋ ❋ ❋ ❋

## La medida justa acerca y el exceso aleja

A los cultivos que se les proporciona un exceso de fertilizantes, agua y demás insumos se marchitan, languidecen y, a menudo, mueren.

La mejor cosecha se obtiene a través de la justa medida de tales elementos.

De forma similar sucede en el trato interpersonal: ni meloso que espante ni descortés que repela. El abono y la cosecha del buen trato se llama *moderación.*

❋ ❋ ❋ ❋

Nunca debemos alardear, puesto que "en la puerta del horno se quema el pan". El ruido anticipado espanta el éxito.

❋ ❋ ❋ ❋

---

* "No puedes aprender lo que ya crees que sabes", reiteraba Epícteto.

## Lo que mano no quita por ahí aparece

Esta frase la repetía una inolvidable mujer de mi estirpe. Sabias palabras. Cuando algún objeto se encuentra extraviado, esta reflexión nos devuelve la calma.

Evita que nos desplacemos del eje de la sensatez. Es un mojón de claridad.

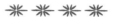

## El problema que mejor se soluciona es el que no dejamos avanzar (parte uno)

Prepararse con anticipación a hechos y tendencias debe ser una acción cotidiana. La preparación que atrae toda suerte de éxitos suele ser permanente.

El legendario entrenador, John Wooden, dice que "cuando llega la oportunidad, es demasiado tarde para prepararse".

**Reitero:** la clave radica en la anticipación, en que es "mejor prevenir que curar". Y para condensar lo dicho comparto este plus: cuesta menos evitar un problema que solucionarlo.

## La heroicidad del error y la eficacia de la prevención (parte dos)

Decía en el apartado anterior que debemos prepararnos y anticiparnos a los sucesos, ya sean positivos o negativos. Tratar, hasta donde se pueda, de que estos no sucedan. "La previsión no se aplaza", dijo el pensador y disertante, Antonio Escohotado.

Aunque, claro está, hay excepciones. Toda regla tiene su excepción. Es normal.

Veamos los siguientes ejemplos de dos problemas. El primero se solucionó sobre la marcha. Y el segundo se previno satisfactoriamente.

Hay dos pilotos de avión:

**El primer caso. Heroicidad del error.** Nos ilustra el piloto que, aunque por falla en la revisión de la lista de chequeo o protocolos de seguridad, logra aterrizar el avión con una turbina recalentada y fallas en el tren de aterrizaje. Es todo un héroe y aparecerá en primera página de casi todos los medios de comunicación.

**Segundo caso. Eficacia de la prevención.** El caso del piloto que anticipa obstáculos potenciales y les hace quite a los problemas inesperados que surjan sobre la marcha. En pleno vuelo.

**Atención:** Este piloto (el del segundo caso) revisa con meticulosidad la lista de chequeo y los protocolos de aeronavegación, es muy estricto y les pone la lupa a las mencionadas rutinas. Pues bien, este aviador realiza un vuelo sin sorpresas desagradables, anticipa las turbulencias y esquiva todo tipo de problemas potenciales, aterriza el avión sin ningún inconveniente.

**Conclusión:** La historia del segundo piloto se mantiene anónima y no aparece en las noticias, aun cuando esta historia es silenciosa y exitosa, evitó desgracias y pérdida de vidas humanas. Es una historia más heroica, pero sin publicidad.

A esto me refiero cuando hablo de la heroicidad del error y de la eficacia de evitar problemas, como complemento del escrito anterior llamado: *El problema que mejor se soluciona es el que no dejamos avanzar.*

✳ ✳ ✳ ✳

La preocupación continua es tan contraproducente como la celebración eterna de los éxitos pasajeros.

✳ ✳ ✳ ✳

## La vida es más que un café con crema de chocolate

Por aparentar y quedar bien con los demás, a menudo, nos fallamos a nosotros mismos.

Miremos en detalle este tema: Las vivencias no tienen fecha de caducidad, llegan a la mente que las evoca de forma inmediata, sin tiempo ni distancia.

Son satisfactorias para quienes toman la decisión de pasarla tranquilos, de convertir cada situación en una buena enseñanza y no de saturar a los demás con historias de gimnasios, comidas y marcas de vinos en redes sociales y demás espacios colectivos.

Revisemos un momento lo que sucede. En la foto o el video de unos cuantos segundos que publica una persona, casi nunca estamos conociendo su vida. Lo que comparte es un fragmento de las miles y miles de imágenes de las que la componen. En este caso, estamos es deslumbrados por el instante que representa la foto.

Estas publicaciones concuerdan, más bien, con un modelo de simulación por computadora*, pero no corresponden con lo que podemos tocar, con la vida misma.

Detallemos esta idea y hagamos las siguientes preguntas que nos ponen los pies sobre la tierra:

**Primera.** ¿Nuestra vida real se parece a mostrar un exquisito café con crema de chocolate en una multinacional de bebidas?

**Segunda.** ¿Tener un banco de fotos —listas para subir al perfil de la red social— con imágenes de langostinos y frutos del mar, acompañados de vino o champaña, equivalen a un registro real de la alimentación diaria de una persona?

---

*Es un intento de modelar situaciones de la vida real, por medio de un programa de computadora. (iupsmsimulacion.wordpress.com)

**Tercera**. ¿El centro de nuestra vida puede ser una selfie diaria en el gimnasio?

Me temo que no.

Ahora bien, lo que nos cuentan las historias de Photoshop de las redes sociales es casi seguro que no coinciden con la realidad.

En estos casos lo que el narciso digital hace es retorcer y exprimir su banco de imágenes hasta que encuentra que la foto número 43 es la que se ajusta a las exigencias ajenas, mas no a las propias.

Olvida que quien sí puede mostrar casi nunca lo hace.

Aquí confirmamos que se vuelve más importante la marca del vino o la exquisitez del plato que las personas que nos acompañan en ese momento. Esto se parece más a un culto a la vanidad o a la dictadura de las selfis que recaen en el nómada electrónico.

***Post scriptum.*** Cuando revisemos un perfil no pongamos atención a la primera foto que aparece, sino a las fotos olvidadas de hace un año o dos, y que aparentemente nadie ve... ¡pero que sí se ven! Casi con seguridad los despiertos las encontrarán.

Es curioso, ya que, en estos casos analizados, se olvida la vivencia y se exprime la apariencia.

Vivir es más importante que publicar.

## La voz de nuestro corazón

A la duda que aparece como resultado del pulso entre la voz de nuestro corazón y la del racionalismo —inyectado de a poco— en nuestra mente, sugiero que escuchemos más la voz de nuestro corazón.

El racionalismo es una creación reciente y adaptada a las ocupaciones productivas desde los siglos XVII y XVIII hasta nuestros días. En cambio, la inteligencia de nuestro corazón es milenaria y muy nuestra.

Friedrich Schiller en su momento lo sintió así: "Si algo os dice vuestro corazón, oíd su voz. El corazón es la voz de Dios".

## La tortuga conoce bien el camino

Los primeros relojes personales se inventaron en Europa en el siglo XVII y, con aquel suceso, nacía la tiranía del tiempo.

Respecto a dicho suceso, José Luis Trechera hace un juicioso estudio histórico sobre el manejo del tiempo vigilante en su libro, *La sabiduría de la tortuga*. Es un buen trabajo para leer o releer en estos tiempos de situaciones impredecibles y decisivas.

El tiempo disponible, en proporciones sensatas, es un buen indicador de libertad de elección.

Es casi imposible descifrar todo lo que sucederá en cada día que despunta. La sorpresa cotidiana hace de la vida una aventura que debe ser, por salud e imán de buenas energías, optimista.

Se hace difícil —y somatizante*— el arte de vivir para quien no acepta el perdón y la reconciliación como formas de llevar una vida serena.

Aceptar excusas sinceras y reconciliarse es abrir nuevos horizontes a un estado de vibración espiritual armónico.

Vivir es un entrecruzamiento de ilusiones, desengaños y satisfacciones que se suceden unos a otros de manera discontinua.

---

*Transformar problemas psíquicos en síntomas orgánicos de manera involuntaria. (RAE)

# EL ARTE DE DECIDIR

Una (1) mala palabra ofende y borra cien (100) buenas acciones.

✳ ✳ ✳ ✳

A través de la experiencia que dan los años, aprendemos a no preguntar por todo ni a responder las preguntas imprudentes. Uno es soberano para administrar tanto sus silencios como sus opiniones. William James, después de años de reflexión, decía que "el arte de ser sabio es el arte de saber lo que hay que pasar por alto".

✳ ✳ ✳ ✳

Una mala inversión afecta casi todas las buenas inversiones que se hayan hecho previamente. Los expertos coinciden en que una mala decisión al invertir puede hacerle perder a una persona diez años o más de trabajo.

✳ ✳ ✳ ✳

Un error pasajero es entendible; todos cometemos errores. Pero un error que se vuelve permanente es otra cosa. Está entre la equivocación ignorada, la terquedad o la egomanía. Como observó Felipe González: "El problema no es meter la pata. El problema es no sacarla rápido".

✳ ✳ ✳ ✳

Cuando nos enfrentemos a un problema, hay dos preguntas que nos ayudan mucho y que nos proporcionan casi todas las respuestas que estamos buscando. Estas son:

1. ¿Quién sabe resolver este problema?

2. ¿Quién conoce a la persona que resuelve el problema?

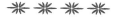

Hay tres buenas maneras de aprender:

- **Observando de forma atenta.** Se conoce como *observación entrenada*.

- **Por medio de libros bien seleccionados.** Debemos ser selectivos con los libros en los que vamos a invertir nuestro tiempo de lectura. Tiempo que, por supuesto, tiene límite.

- **A través de otras personas o mentores.** Un buen mentor nos ahorra muchos procesos fatigosos de ensayo y error, y nos evita transitar toda la curva de aprendizaje.

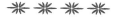

La opulencia y el despilfarro suelen hipotecar la libertad.

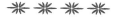

# Lista de chequeo al ir despacio[*]

El éxito se construye con:

- Propósito claro.
- Paciencia.
- Confianza en sí mismo.
- Método.
- Técnicas.
- Pausas creativas.
- Correcciones sobre la marcha.
- Continuar el camino enfocado[**].

La probabilidad de equivocarnos aumenta cuando hablamos más rápido de lo que pensamos. No se trata de hablar para pensar, sino de pensar para hablar.

---

[*] "Piensa despacio. «El pensamiento lento» requiere que reduzcas la velocidad del ritmo de pensar y consideres cuidadosamente lo que sucede antes de decir cualquier cosa o reaccionar de cualquier manera". Brian Tracy, *Creatividad y resolución de problemas.*

[**] "Avanza despacio, pero no des marcha atrás". James Clear, *Hábitos Atómicos.*

## Pausa pensante

Hay personas que no traen en su caja de cambios mental el espacio prudente del neutro. Y sin ese neutro, no hay una reflexión pausada que construya grandes metas.

En la pausa pensante, a menudo, se encuentran las mejores decisiones.

Paramahansa Yogananda* describe lo anterior con las siguientes comprensiones: "Cuando permites que la tentación se apodere de ti, tu sabiduría se convierte en prisionera", y complementa: "La manera más efectiva de vencer la tentación consiste en primero decir *no* y retirarse de ese ambiente específico; luego, reflexiona cuando te encuentres calmado y la sabiduría haya retornado a ti".

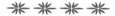

## Mentalidad creadora y mentalidad consumidora

La estabilidad financiera se menoscaba cuando las personas tienen más predilección por la compra compulsiva o consumista que por las compras necesarias.

Estas últimas compras, las instrumentales o necesarias, tienen un propósito claro: el del crecimiento personal y el de estabilidad en la adultez. La edad

---

\* Lecciones de Self-Realization Fellowship, *Diario Espiritual*

adulta no debe ser sinónimo de escasez sino de sabiduría y orientación.

✳ ✳ ✳ ✳

Poder, saber y querer

*Puedes si sabes; y quieres, si sabes y puedes.*

En ese orden.

✳ ✳ ✳ ✳

El hecho de que otra persona guarde silencio mientras hablamos, no significa que la hemos convencido.

✳ ✳ ✳ ✳

## Prevenir es anticipar posibles escenarios

Inteligente no es el que sabe sortear problemas buscados e innecesarios. Inteligente es quien los evita. También el que ante los problemas inevitables, los enfrenta con prontitud y los soluciona a tiempo[*].

Salvo muy escasas excepciones, como lo he escrito ya en otro capítulo: es más efectivo evitar un problema que solucionarlo.

✳ ✳ ✳ ✳

_____

[*] El camino malo se pasa rápido. Refrán

## Microscopía personal

Una de las mejores maneras de tomar decisiones, con nuestra mente puesta en cámara lenta, es tomar cierta distancia del entorno[*] que analizamos. La perspectiva —a tiempo— produce más claridad.

**Solución:** llevar en nuestro morral de viajante un lente de aumento o lupa y unos binoculares para alternar nuestra observación de cerca y de lejos, sin descuidar nunca el entorno[**] y las compañías personales[***].

## Del ajedrez a la corraleja

Cuando podemos interpretar los pequeños detalles (alertas tempranas) de los sucesos que se avecinan, tenemos más probabilidad de ganar en el ajedrez de la vida. En el juego cotidiano no ganamos únicamente avanzando, a veces debemos estar neutrales o retroceder con el fin de construir, desde ahí, una posición ganadora.

Por cuanto el ajedrecista con su silencio trabaja en anticipar las decisiones. En cambio, el escapista de

---

[*] Ambiente, lo que rodea. (RAE)

[**] "Los entornos determinan nuestras creencias e influyen poderosamente en lo que una persona finalmente consigue", explica Francisco Alcaide acerca de los entornos (FB)

[***] "Nuestros amigos y familiares proveen una especie de presión social invisible que nos impulsa a seguir la misma dirección". Clear, J. (2022). *Hábitos atómicos (11a ed.). Paidós.*

corraleja y sus microgestos nos indican afán y, no pocas veces, desacierto.

Analicemos estos dos modos diferentes de caminar por la vida:

1. **El modelo tipo jugador de ajedrez.** Garri Kaspárov, campeón mundial de ajedrez de 1985 a 1993, era conocido por calcular diez o más jugadas por delante de su rival en una partida de alto desempeño.

2. **El modelo tipo mozalbete de corraleja.** Es decir, inexperto, desafiante y, en muchos casos, "metepatas". Aquel que no ve más allá de su propia sombra.

En el segundo modelo, el del mozalbete, vemos como despunta el autosaboteo a través de carreras y desparpajos. El primer modelo, el del ajedrecista, dejará huella y tiene mayor posibilidad de llegar a ser un campeón al poner en práctica dicho modelo, pues siempre va los suficientes pasos por delante.

La preocupación descontrolada se parece al atardecer: se despide una y otra vez, pero siempre regresa al día siguiente.

Para evitar el regreso de tal intranquilidad, debemos plantar cara y encontrar una solución que frene su eterno retorno.

❋ ❋ ❋ ❋

## El ayuno en los consejos

Una cosa es escuchar un consejo, y otra bien diferente es ponerlo en práctica. Aunque se deben escuchar todos los buenos, es sensato pasarlos por nuestro filtro, y, de manera selectiva, poner en práctica los que tengan una dirección acertada.

## Imperfecciones casi perfectas

*"Busca el éxito, no la perfección. Nunca renuncies a tu derecho de equivocarte, porque entonces perderás tu capacidad de aprender cosas nuevas y de salir adelante en tu vida. Recuerda que el miedo siempre acecha detrás del perfeccionismo".*

David M. Burns

La clave para no vivir insatisfechos es buscar la esencia y no la perfección de la forma.

La esencia nos provee de energía, impulso y metas. En cambio, la perfección es como un largo tobogán que conduce a un lugar llamado insatisfacción.

De forma que el significado de la palabra *perfección* debería interpretarse como "sin llenadero".

Un disgusto no se debe alargar más de lo que merece. Cuando es actitudinal y extenso, se vuelve aburrido. García Márquez exhortó, en cierta oportunidad, a no machacar con la perorata desgastante.

"El problema que se dialoga demasiado —dijo— se empeora o se mantiene. No se dialoga, se sigue para adelante".

## Audacia e inteligencia

Debemos diferenciar audacia de inteligencia. Hay acciones audaces que no son necesariamente acciones inteligentes, y hay acciones inteligentes desprovistas de audacia.

La verdad se defiende sola. La mentira necesita de una sucesión de desinformaciones que tapen la primera mentira.

## Aquellas pausas que construyen

*"Me gusta quien elige con cuidado las palabras que no dice".*

Alda Merini.

El ruido desenfrenado de la palabra es signo de equivocación.

Una de las características del éxito son las pausas silenciosas. La pausa meditada construye. El ruido palabresco suele alejarnos de la Fuente Infinita de Abundancia.

## Cuando la no valoración se convierte en turbina

Una de las formas que impulsa el que una persona coseche grandes resultados es que otras la subestimen. De ser así, subestimar no es un freno, sino una turbina que produce cambios positivos.

**Solución:** hay que potenciar nuestros recursos, nuestros contactos y proveernos de pensamientos de autoconfianza. "La medida de lo que somos es lo que hacemos con lo que tenemos", decía, producto de la experiencia, el entrenador Vince Lombardi.

## Solucionática y problemática

Se gerencia haciendo amigos, innovando, observando a la competencia y compartiendo un café con mentores de conocimiento experto que aporten soluciones antes que describir problemas.

En este caso, hay que enfocarnos en lo que Albert Galvany llama "el potencial que se deriva de las múltiples coyunturas estratégicas".

Según mi experiencia, estas coyunturas abren horizontes de oportunidades que son: (a) las que creamos y (b) las que derivan de hechos inesperados.

**Complementemos:** Hay razones para que la gerencia por objetivos diferencie el halago sincero de la adulación y del elogio inmerecido. Tanto *adulación* como *lisonja* son trampas que conducen una y otra vez a caminos llenos de obstáculos.

Solo quien escucha consejos expertos y reconoce sus errores a tiempo puede transitar por nuevos caminos de oportunidades. "De hecho, el mundo está lleno de puertas y ventanas que no vemos si miramos siempre en la misma dirección", leo en la prosa de Silvia Adela Kohan.

## Las vibraciones entre negocios similares se atraen

## Servicios y soluciones

El emprendedor debe tener en cuenta, tanto al *crear* como *adquirir negocios en funcionamiento*, que exista una relación similar o sinónima con los negocios que ya tiene establecidos.

Negocios diferentes generan más desgaste y un mayor tiempo en la curva de aprendizaje de estos.

A través de mi enfoque de la atención, he visto repetirse una y otra vez que se motorizan mejor los negocios que encajan entre sí, y no los opuestos.

Asimismo, como estrategia de monetización negocial, debemos considerar el vender soluciones y servicios antes que productos entregables. Los negocios de servicios a menudo "despegan" primero y son prioritarios para los usuarios. Las fuerzas de la probabilidad suelen favorecer más a aquellos que proveen soluciones a través de sus servicios.

Los proyectos de diversa índole se construyen a través de propuestas y soluciones creativas, de ninguna manera sobre la base de hablar mal de los demás. Frank Sinatra comentó cierta vez: "Si no puedes decir algo agradable, es mejor que no digas nada, es mi consejo".

La administración que más beneficia a los seres humanos es la administración de las emociones.

## La concentración hace la diferencia

Debemos ser como la naturaleza: ritmo lento, concentrada y perseverante. El pensamiento escrito de Thomas Fowell Buxton lo deja claro: "Únicamente vence la concentración".

La intensidad con la que transmitimos nuestra admiración y amor no siempre es valorada. Por tal razón, la ternura debe entregarse en una suerte de gotero anímico: reciprocidad y calidad.

✳ ✳ ✳ ✳

## Lo importante es comenzar

Es curioso, pero, a veces, no es necesaria más logística empresarial previa a los emprendimientos, tan solo más paciencia para conocer nuevas técnicas sobre la marcha.

✳ ✳ ✳ ✳

Se necesitan muchos aciertos para la atracción y un solo error para la decepción.

✳ ✳ ✳ ✳

## El 99/1 de la amistad

La incontinencia verbal, sin proponérselo, se torna necia. Entre la palabra ligera y el exceso, hay solo un paso. Es un hilo muy delgado que, al romperse, conduce a separaciones y diferencias, en muchos casos, irreconciliables.

Se necesita toda una vida para construir una buena amistad y una rabieta para destruirla.

Podemos ser amables 99 veces y romper el vínculo que nos hermanaba con la otra persona con una (1) acción imprudente.

Esa es la regla 99/1 de la amistad que debemos conocer.

❋ ❋ ❋ ❋

La distancia prudente despierta una extraña admiración. Hace algunos años llamo a esta técnica comportamental *amabilidad lejana*.

❋ ❋ ❋ ❋

## El arte de transformar pensamientos

Un "no puedo" autolimita. Un "no he descubierto aún" empodera. Esta técnica se conoce como *vocabulario transformacional*.

❋ ❋ ❋ ❋

## La diferencia la hace una idea práctica

*"El éxito consiste en hacer unas pocas cosas bien y evitar los errores graves".*

Ray Dalio.

De la debilidad a la fortaleza emprendedora hay un paso. El misterio radica en aterrizar una idea con valor agregado. No se trata de campanear miles de ideas y dejarlas a merced de los cotilleos de parque.

El logro llega poniendo en práctica una buena una idea. Si es así, "¡bumm!", ya está.

❊ ❊ ❊ ❊

## Acróstico BACAC del éxito

Buscar, analizar, conectar, ajustar y continuar son las escaleras de los proyectos exitosos.

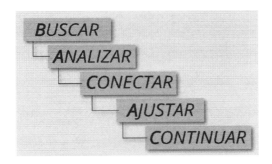

❊ ❊ ❊ ❊

## Las pequeñas diferencias inclinan la balanza

Los pequeños pasos continuos se vuelven grandes avances.

En el ámbito competencial e hiperinformado de hoy, los participantes son casi todos talentosos. Ya no existen grandes, sino pequeñas diferencias.

Por ejemplo, no es usual que hoy en día una selección de fútbol le gane a otra 7-0. Lo mismo sucede en todos los deportes competitivos.

137

Sí puede suceder, pero no es el común denominador. Insisto en este punto: el milímetro diferenciador constante marca el buen resultado que, a su vez, inclina la balanza a tu favor. ¡Gana!

❋ ❋ ❋ ❋

## Crecer es resultado de poner atención

*"Hay dos tipos de mente, la que nosotros escogemos y la que escoge por nosotros. La cuestión crucial es qué hago con esa parte de la mente que sí puedo controlar conscientemente, ahí entra en juego la atención".*

Daniel Goleman*.

*"El miedo siempre acecha detrás del perfeccionismo".*

David M. Burns.

El ego perfeccionista y las distracciones nos impulsan a transitar tantos caminos distintos que, al final de la jornada, no tenemos tiempo de fijarnos en los pequeños detalles positivos.

Cuando tales avances diarios se realizan bien,nos conducen a buenos resultados. Jim Collins le llama a esta corta diferencia ganadora la marcha de las veinte millas**.

---

*Fuente: https://www.lavanguardia.com/lacontra/20131128/54394590953/nuestra-voz-interior-sabe-m as-que-nuestra-mente.html

** Jim Collins, en su atinada premisa de *La marcha de las 20 millas*, explica que las personas que siguen —metódicamente— un ritmo calmado, sostenido y disciplinado obtienen buenos resultados a mediano y largo plazo. En el deporte del ciclismo se conoce como rotación inteligente y planificada.

Recorremos más rápido esas millas extras a través de la práctica de la atención y de una mayor iniciativa en la toma de decisiones.

La iniciativa es fundamental a la hora de ejercitar el arte de decidir. Sófocles nos dejó unas buenas líneas acerca del arte de navegar por la vida y avanzar: "El conocimiento procede de la acción; la única forma seria de comprobar algo es probarlo".

¡Adelante!

Lo que hace ruido casi no trasciende; y lo que trasciende casi no hace ruido.

El ruido es la forma como se expresan, entre los vaivenes del desespero, ciertas personas. Según esta meditación, es usual que el ruido sea sinónimo de desespero y el silencio de calma.

## Ponerse en el lugar del otro

Nadie sabe las luchas espirituales y mundanas que los otros están librando. Muchas personas no comunican sus luchas porque no tienen personas de confianza para dialogar acerca de dichas batallas diarias. O, si las tienen, por lo general viven lejos.

---

Al contrario, la gente que va dando tumbos y saltos enfermadores pueden obtener resultados pasajeros en el corto plazo, pero a menudo sucumben en la marcha extensa de la vida. La liebre y la tortuga, una fábula atribuida a Esopo, es también un buen ejemplo de lo expuesto. N. del A.

Por tal razón, antes de juzgar, pensemos en los demás.

✳ ✳ ✳ ✳

## Ensayos a pequeña escala

Es necesario que, en principio, los cambios que trasforman se prueben a pequeña escala, como aquello que llamamos *proyecto piloto*. La razón de este modelo de prueba es que, si el proyecto no sale como esperamos, las pérdidas no sean ruinosas.

En cambio, si el emprendimiento da muestras de ir bien, se incrementan paulatinamente el tiempo, la atención y los recursos.

✳ ✳ ✳ ✳

"La próxima vez" es una expresión que suele esfumarse en las distracciones cotidianas. Esperemos un poco más y comenzamos cuando todos los semáforos de la vida estén en verde es casi un imposible. El momento es ahora.

✳ ✳ ✳ ✳

## La decisión autostop[*]

Una de las formas de tomar impulso, de ir en la dirección correcta, es leer a tiempo la letra menuda que nos muestra el camino diario.

_____

*Forma de viajar por carretera solicitando transporte gratuito de los conductores de vehículos particulares. (RAE)

Siempre debemos analizar las reglas de juego de cada lugar (entorno). No podemos hacer *"Autostop"* con dichos temas y subirnos en el primer vehículo ruidoso que pase. Es un error.

**Posdata:** Durante las semanas de lecturas sucesivas, analizando al detalle lo que digo en el párrafo anterior, escribo en mi cuaderno de notas y lo comparto contigo en este libro:

> Cada continente, cada país y cada ciudad tienen unas reglas sociales diferentes. Lo que en un continente o en un país es culturalmente aceptable, en otras latitudes del mundo puede no serlo. Esta es la primera regla que debe conocer el viajero experimentado.

## El remedio para curar ignorancias y miedos es el conocimiento

Se requiere motivación para empezar y hábito para continuar. Muy bien. Pero el hábito sin conocimiento no funciona, porque para poner en práctica los hábitos se necesita saber qué es lo que se va a convertir en hábito. Y la mejor manera de saber es a través de la autoformación diaria.

## Amabilidades lejanas

En las relaciones interpersonales sucede, a veces, que de lejos significa sonrisa y de cerca es la cara estricta de la realidad\*. En muchas parcelas humanas se atrae con los dulces y se presiona con los amargos. Se llama zanahoria y garrote.

**Solución:** hay que acercarnos para comprender y alejarnos para decidir.

## La saturación tanto amable como antipática, alejan

Ensaya y llama a tus amigos varias veces al día (unilateral y sin reciprocidad) y te darás cuenta qué sucede después de que tu llamada se vuelve paisaje y predecible.

Hay una frase interesante al respecto que dice: "Visita pocas veces, y serás más querido".

Los excesos, que van desde el abono para la planta hasta la bella canción que se escucha una y otra vez, saturan y marchitan.

La solución está en llamar con moderación para ser mejor atendido.

\* "Es mejor retirarse a tiempo y dejar un bonito recuerdo, que insistir y convertirse en una molestia". Anónimo

## De los ruidos que sanan y los silencios insanos

Una mente analítica prefiere, en ciertas circunstancias, un ruido que represente seguridad a un silencio que represente incertidumbre. Teniendo en cuenta que hay ruidos sinceros que tranquilizan, al igual que silencios que esconden sus verdaderas intenciones.

La magia del silencio analítico construye conciencias libres.

## Consulta al experimentado

Antes de tomar una decisión, consultar a muchos se constituye en freno. En cambio, escuchar a quien tiene el conocimiento experto es la decisión más acertada.

## El regreso a la autoformación

La construcción de autoaprendizaje es una excelente inversión. Lo que sostiene la educación académica o los conocimientos compartidos es que uno se convierta en alumno y maestro de su propia vida.

En estos tiempos, en los que abundan los datos sueltos, es una pérdida de tiempo no estar bien informado para decidir bien. Lo reitero: desde que nos levantamos por la mañana estamos tomando decisiones.

No está lejos. Mejor aún, ya llegó ese momento en el que las personas más informadas son las autodidactas de sus propios gustos y trabajos. Será una tendencia liberadora —y audaz— volver a leer los libros clásicos y al autodidactismo estratégico.

✳ ✳ ✳ ✳

## Pilares e imanes en la toma de decisiones (PADES):

**Adenda:** la suerte es una variable que no debe descartarse.

✳ ✳ ✳ ✳

## Ni zapatos prestados ni negocio insistido ni amor rogado

De lo que te presten, serás despojado. Y las relaciones o negocios a ruego se convierten en decepción.

✳ ✳ ✳ ✳

Las actitudes egoístas y las acciones tramposas merman el ímpetu de la sonrisa y la confianza. Estas afectan la estabilidad de las relaciones interpersonales.

✳ ✳ ✳ ✳

Los compañeros de viaje de la libertad son:

*PACIENCIA* + *DISCIPLINA* + *TÉCNICA*

Sin paciencia, la disciplina y la técnica pierden fuerza creadora. Es de sabios acompañarse siempre de esa leal amiga llamada paciencia.

✳ ✳ ✳ ✳

La estrella de la buena suerte aparece cuando esparcimos la semilla en el terreno fértil de las personas indicadas y las circunstancias propicias.

✳ ✳ ✳ ✳

El consumo desmedido es un esmeril que suele dejar sin forma el carácter y nos lleva a la escasez.

✳ ✳ ✳ ✳

## Cinco herramientas básicas de destreza organizacional:

1. └ La capacitación
2. └ El entrenamiento
3. └ La estandarización de procesos
4. └ Automatización
5. └ Listas de comprobación

❋ ❋ ❋ ❋

## La ira debilita la autoridad

La ira, en sus diversas manifestaciones, lleva implícita el miedo y se convierte en autosabotaje.

Quien se descompone casi siempre es el más inseguro de sí mismo. Detrás de la ira está el miedo. A menudo, el más agresivo es el que más miedo tiene, y el que se enoja pierde autoridad. La ira no hace parte del equipaje del ganador.

❋ ❋ ❋ ❋

## El filtro de los recuerdos

*"Cuando te arrepientas de algo,*
*céntrate en la solución y no en el error;*
*basta descubrirlo antes la próxima vez".*

Fernando Alberca.

En muchas circunstancias, el inteligente es aquel que sabe hacerse el tonto y es recursivo; es decir, filtra a voluntad los recuerdos. Es selectivo.

Para vivir más tranquilos, como lo acabo de describir en las dos líneas anteriores, hay que saber qué se olvida, qué se recuerda y a qué nos anticipamos en las próximas decisiones.

Relacionado con esta selectividad de los recuerdos, entre la numerosa fauna humana podemos incluir a los bobos vivos (los que avanzan) y los vivos bobos (los que retroceden).

Hago referencia en este escrito a hacerse el tonto o el bobo, pero podría haber dicho *gilipollas*, *cipote* o hasta *merluzo;* pero, para el tema que nos atañe, describiremos tal genialidad escondida como *boba*.

A propósito, hay una clase de los denominados bobos que de lentos no tienen un pelo; me refiero a los que avanzan silenciosos como submarinos invisibles. Así como se lee, hay *submarinos invisibles*.

Bien, con base en la *bobo viveza* y en la *viveza boba* mencionadas, concluimos que es de sabios parecer lentos y avanzar, y de necios presumir de listos sin serlo.

Es bueno saberlo con anticipación*.

¡Atentos a ello!

---

\* Una categoría que podemos agregar a los ya analizados genios escondidos (bobos vivos) y a los metepatas retro (vivos bobos) es la de: (1) los soberbios audaces y (2) los soberbios metepatas. Estos últimos personajes y sus roles también hacen parte de la numerosa fauna humana. N. del A.

## Teoría práctica

La forma de conservar el saber práctico es a través de la teoría, de aquello que se llama *teoría práctica*. Por tal razón, no hay nada más práctico que una buena teoría.

❋ ❋ ❋ ❋

Se compra lo que tiene precio; lo que tiene valor, se conquista con detalles.

❋ ❋ ❋ ❋

Una meta o un sueño se diluyen cuando nos limitamos en la consulta excesiva o en la temeridad casi enfermiza.

❋ ❋ ❋ ❋

## El costo de las decisiones tardías

No posterguemos ciertas decisiones que de todas maneras debemos tomar. Hay problemas o necesidades que si uno no enfrenta o soluciona, terminan por afectarlo a uno y convirtiéndose en frenos existenciales.

Por ejemplo, postergar el diagnóstico o los exámenes de las primeras manifestaciones de una enfermedad; las tareas que se convierten en problemas casi irresolubles; las dudas, aclaraciones e inquietudes en las relaciones interpersonales que se deben dejar claras a tiempo, entre muchas otras.

❋ ❋ ❋ ❋

El oficio de pensar, pausar, crear, continuar y corregir sobre la marcha debe convertirse en metas prácticas.

❄ ❄ ❄ ❄

## Cuando el efecto es más largo que la causa

La consecuencia de una mala decisión suele ser mucho más prolongada que la acción que la originó. He ahí la importancia de la prudencia antes de comprometerse en tomar una decisión.

"El progreso tiene lugar demasiado despacio para que nos demos cuenta, pero los contratiempos suceden demasiado deprisa para que los ignoremos", escribe Morgan Housel[*] acerca de las consecuencias de las acciones e inacciones humanas.

❄ ❄ ❄ ❄

## Prisa y retroceso

*"La prisa puede hacer que todo se eche a perder —una verdad que la mayoría de nosotros conocemos pero que a menudo olvidamos—".*

Emmett C. Murphy,
*La Nueva Ley de Murphy*

La prisa está conectada con el desespero, por eso la mayoría de las decisiones deben tomarse de manera lenta. A las personas que practican este modelo de decidir gradualmente se les llama *pensadores pausados y acertados*.

---

[*] Fuente: @morganhousel

Podríamos resumir que en la vida es usual que el triunfo y el fracaso estén separados por una decisión.

✳ ✳ ✳ ✳

En momentos determinantes, la concentración mental marca la diferencia.

✳ ✳ ✳ ✳

## Tres estilos, tres circunstancias

La visión prospectiva consiste en anticipar tanto el conjunto como el detalle. Este tipo de visión está compuesta por una suerte de trinidad:

(1) Cuando ponemos la atención en los detalles más cercanos conducimos nuestra vida de forma similar a como se conduce un *automóvil*. (2) Nuestras visiones intermedias son como las de un *helicóptero*. (3) Nuestras predicciones* se parecen al GPS anticipador del *avión* de largas distancias.

Por eso nuestra forma de caminar debe llevar implícita los tres ejemplos anteriores.

**Reitero:** automóvil, helicóptero y avión.

Estos tres estilos los necesitamos para decidir en circunstancias diferentes.

✳ ✳ ✳ ✳

_____
*La causa de tus hábitos es, en realidad, la predicción que los precede. La predicción conduce a un sentimiento. James Clear, *Hábitos atómicos*, p. 170.

## Cuando el ruido de la opinión ajena confunde

Una linda relación se marchita desde el momento en que una o varias personas empiezan a opinar inercialmente sobre ella.

En cuestiones del amor, por lo general, quien más crítica, chismorrea y destruye parejas es quien menos propone soluciones. Estas personas confunden voluntades, enrarecen el ambiente. Critican a tu pareja o amigos cercanos; pero eso sí, no presentan a nadie.

✳ ✳ ✳ ✳

Del problema que no es solucionado a tiempo se derivan otros problemas.

✳ ✳ ✳ ✳

## Es mejor prevenir

*"Mire antes de saltar. Su inversión inicial de tiempo en cualquier proyecto —ese breve período durante el cual contempla una actividad antes de lanzarse de cabeza a ella— puede ser la inversión más inteligente".*

Emmett C Murphy,
*La Nueva Ley de Murphy*

A menudo son necesarias dos, tres y hasta más decisiones correctivas que se toman para arreglar una primera decisión desacertada. Hay que explorar, tantear, hacer pequeños experimentos.

La clave consiste en hacer moderados ensayos al comienzo, pensando bien antes de lanzarnos al agua.

❋ ❋ ❋ ❋

Toda meta tiene una serie de escalones o metas intermedias para llegar a ella. En otras palabras, cada paso intermedio en la dirección correcta, nos acerca más a nuestro objetivo.

❋ ❋ ❋ ❋

La libertad se construye a partir del *saber decidir*. Es más, vivir es decidir en todo momento. Desde que nos levantamos hasta que nos vamos a dormir estamos tomando decisiones.

❋ ❋ ❋ ❋

## Pensar bien para decidir bien

*"Todo lo que recibimos en la vida llega a través de la puerta de entrada de nuestro pensamiento".*

Orison Swett Marden,
*Cómo atraer prosperidad* (1922).

La prudencia pensante y el silencio que construye duplican las posibilidades de éxito. En buena medida, el que sabe, no hace ruido; y el que no sabe, es ruidoso.

El ruido divide; la sabiduría conecta y crea. Bien. A través de todos estos años de observación, he comprobado que el ruido lleva, a menudo, implícito un rostro perdedor.

## Cuando atajar es mejor que arrear

Los equipos de trabajo sincronizados articulan una cultura colectiva en la cual se aprende de los errores. Es mejor corregir pequeños desaciertos a un compañero de trabajo que "suda la camiseta", que al conocido "quejoso" que no aporta, pero critica.

Los primeros son solucionadores, los que aportan a los procesos de liderazgo. En cambio, los segundos, son los quejicas. Los cuales aportan muy poco a las empresas de la vida.

En estos grupos metódicos y sincronizados, las equivocaciones presentes serán los aciertos de mañana.

**Recordemos:** en cualquier proyecto que vayamos a emprender, siempre debemos hacer simulaciones previas para medir el riesgo.

La autoestima crece cuando nos damos permiso para autorrenovarnos.

## La responsabilidad se impone

La marrullería puede que logre una o dos maniobras exitosas, pero el tiempo termina por darle la razón a la verdad*. Asimismo, dijo con acierto Alexandru Vlahuta: "La verdad espera. Solo la mentira tiene prisa".

La meta se construye a través de un componente metódico de perseverancia y casi nunca obedece a la fuerza**.

❋ ❋ ❋ ❋

Los malos hábitos esclavizan y llevan a la ruina.

❋ ❋ ❋ ❋

---

\* Sócrates enfatizaba en que "la mentira gana partidas, pero la verdad gana el juego".

\*\*Me refiero a la técnica del esfuerzo sensato e inteligente, con medida, al que también alude James Clear. Veamos cómo lo dibuja con palabras James Clear en su libro *Hábitos atómicos*: "Este es un principio fundamental de la física, donde se conoce como el Principio de la Acción Menor. Este principio establece que el camino seguido entre dos puntos dados será siempre el camino que requiera la menor cantidad de energía." Y sigue con sus líneas descriptivas diciendo que: "este sencillo principio apunta a las leyes del universo. A partir de esta idea es posible describir las leyes del movimiento y la relatividad" (p.188). Buena idea práctica para nuestras empresas de la vida. N. del A.

## Cuando el escepticismo impulsa y la emoción frena

Algunas ideas y acciones escépticas nos impulsan. Ciertos actos, en apariencia positivos, pero con una alta carga emocional, nos decepcionan y frenan.

La primera (la decisión escéptica) lleva implícita, muchas veces, una medida sensata y triunfadora. En cambio, la segunda (la del carrusel emocional) se convierte en impulso fugaz.

En diversos escenarios, no todo escepticismo moderado frena ni toda emoción impulsa. Inclusive, hay escepticismos ganadores y emociones perdedoras.

## Los logros de la atención

La comprensión profunda es el primer escalón de la liberación humana y llega a través de la atención entrenada.

"Presta atención: tu vida depende de ello. Hasta extremos difíciles de imaginar, la experiencia, el mundo e incluso nuestro propio *yo* se crean a partir de aquello a lo que prestamos atención", concluye Winifred Gallagher en el libro *Atención plena*.

Sin concentración en nuestras metas es posible que lleguemos a ellas únicamente a través de un golpe de suerte. En efecto, es difícil lograr un objetivo que no hemos trabajado bien.

Volviendo a la suerte, subrayemos que esta llega, probablemente, una sola vez. Sería algo extraordinario que aparezca dos veces.

Estudiando el *factor suerte*, planteado ya en párrafos anteriores, podemos concluir que la atención con propósito es una forma autónoma, no dependiente, de caminar por este mundo.

✳ ✳ ✳ ✳

Una de las maneras de fortalecer la autoestima y la amistad es darle mayor importancia a la calidad que a la cantidad. Es mejor un buen amigo que cien interesados.

Las palabras milenarias de Quinto Ennio le dan más enfoque a nuestra descripción: "El amigo seguro se conoce en la ocasión insegura".

✳ ✳ ✳ ✳

## Lectura y atención en la toma de decisiones

La lectura y la atención plena son dos fuerzas que nos ayudan a construir caminos de buenas oportunidades. Son la morada revisionista de los buenos tomadores de decisiones y de los solucionadores de problemas.

En estos tiempos de complejidad creciente es práctico saber que la ignorancia cada vez causa mayores problemas. Interpretémoslo de este modo: la ignorancia es una enfermedad que, cuando no se trata a tiempo, se vuelve difícil de curar si no se cuenta con dos reme-dios llamados *lectura y atención entrenada.*

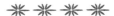

## Solución versus correctivo

## Aprender tarde y decidir fuera de tiempo colinda con lo ineficaz

En términos administrativos o gerenciales, el exceso de elogio y la tardanza en la aplicación de acciones preventivas y correctivas[*], se convierten en decisiones dudosas o ineficaces.

Solucionar tarde no es solucionar, es más bien un correctivo.

Los correctivos temporales o parches provisionales tienen cierta ventaja y es que, en unos cuantos casos, detienen —de momento— el problema. Hasta aquí, más o menos bien. No obstante, tienen las siguientes desventajas:

- Hay una alta probabilidad de que los correctivos apenas neutralicen el problema, lo prolonguen o lo pongan en modo estrés. No solucionan desde la causa.

- La corrección desesperada sobre la marcha tiende a ocasionar nuevos problemas.

---

[*] Razón práctica: lo que no se mide, no mejora correctamente. Las mediciones a "ojímetro" suelen terminar en decepciones tanto tempranas como tardías. N. del A.

- Correctivo temporal no es lo mismo que solución definitiva.

En cambio, las decisiones y soluciones meditadas están acompañadas de:

1. 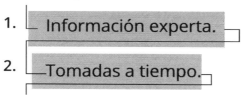 Información experta.

2. Tomadas a tiempo.

Detienen el problema. Lo solucionan.

La misión es tener varias alternativas de decisión. No una, sino varias. Y decidir, repito, a tiempo.

❊ ❊ ❊ ❊

Manejar situaciones es administrar las emociones y superar la incertidumbre.

❊ ❊ ❊ ❊

## El proceso creativo DISCANI

El tomar distancia (pausa inteligente) y cambiar de ambiente nos conectan con nuevas ideas (creatividad).

Esta secuencia de etapas es sencilla, pero muy productiva en los momentos de creación.

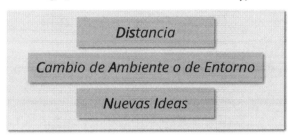

Resumamos en tres palabras el proceso creativo (DISCANI):

*Distancia*

*Cambio de Ambiente o de Entorno*

*Nuevas Ideas*

❊ ❊ ❊ ❊

## Elasticidad creativa del pensamiento

El pensamiento* tiene el poder de transformar todas las vivencias y recuerdos en experiencias de aprendizaje que, en consecuencia, se vuelven alquimia mental.

Esta soberanía de la mente va desde la transformación de nuestra biología hasta el encausamiento de nuestras decisiones. En ese sentido, dicho pensamiento creador debe completarse con las siguientes sugerencias:

- Confiar en sí mismo.

- Tener un objetivo claro.

- Tomar la iniciativa.

- Buscar información y asesoría experta.

---

* Nuestro pensamiento es el magneto invisible, siempre atrayendo su correspondencia en cosas visibles y tangibles. Prentice Mulford, *Leyes y secretos en el mundo del pensamiento*

- Concentración mental, de recursos y de personas. De preferencia, ensamblar equipos pequeños con el fin de que la responsabilidad de cada persona no se diluya.

- Ser flexible. Hacer ajustes sobre la marcha. En esta etapa no podemos pecar ni por defecto ni por exceso. Pretender que un proyecto no necesita ajustes periódicos es como creer que al viajar en un carro no hay que tomar curvas y detener la marcha de vez en cuando para llegar al destino. En estos terrenos de la gerencia por objetivos (Peter Drucker) se hacen los cambios que sean necesarios.

- Mediciones intermedias. Si no medimos, no sabemos si estamos avanzando.

- Acompañar el proyecto hasta el final.

Con esta lista de chequeo que acabamos de ver, es claro que el secreto está en convertir el pensamiento disciplinado en cosas y metas.

A estas decisiones previstas es lo que llamo elasticidad creativa del pensamiento.

## Termómetro del caminante

Una aclaración a tiempo nos evita grandes errores.

La **tergiversación** por inercia, el ping pong de señalamientos y defensas nacidos de una palabra mal dicha o a destiempo, acaban con años de amistad.

Sí. Atención en esta parte del escrito.

Hay dos herramientas que nos aclaran esto de las ligerezas interpretativas:

1. Leamos bien lo que dice el diccionario de La Real Academia Española (RAE) sobre la tergiversación: "Dar una interpretación forzada o errónea a palabras o acontecimientos".

2. Recordar en reuniones y charlas amistosas las palabras de Jacques Lacan: "Usted puede saber lo que dijo, pero nunca lo que el otro escuchó".

El hecho de recordar la definición de La RAE sobre tergiversación y las palabras de Lacan para medir la temperatura de los diálogos nos evita recorrer largos desiertos de contradicciones.

La búsqueda constante de ideas y soluciones prácticas nos evitan comprender tarde.

Para que haya una percepción objetiva debemos saber con antelación que la *desinformación orientada* también existe.

Te exhorto a meditar acerca de estas palabras de George Bernard Shaw: "Ten cuidado con el conocimiento falso, es más peligroso que la ignorancia".

✳ ✳ ✳ ✳

## No dejar conectar ansiedad y miedo

La ansiedad raya en el miedo y lleva implícita, en buena medida, dos consecuencias autodestructivas:

- Enfermedad

- Malas decisiones

"El miedo y la ansiedad son dos grandes enemigos de la buena suerte", escribe Jack Lawson en su libro, *Las leyes de la buena suerte.*

Dicho esto, para decidir se requiere estar tranquilos, buscar el momento y el lugar indicados. Y un elemento constitutivo de la buena suerte es mantener la calma, incluso, en circunstancias complejas.

✳ ✳ ✳ ✳

La impaciencia es antiseductora. En cambio, la paciencia informada es la mejor amiga de la decisión.

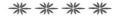

## Autosuperación, dirección correcta y paciencia

El arte de vivir es mucho más un viaje que una competencia. Hay que construir sabiduría práctica y no ver como un campeonato la sucesión de puntos de la vida. Lo más acertado es superarse a uno mismo cada día. Pequeños pasos crean grandes avances en el tiempo.

Hasta aquí todo bien.

Sin embargo, cuidado con la terquedad* implícita en las decisiones: los pequeños errores persistentes pueden llevar al fracaso. La clave está en equivocarse poco y no cometer grandes errores.

Es sabido que el desvío constante en nuestra ruta nos lleva a un destino diferente.

---

\* Podemos ser perseverantes sin llegar a ser tercos. Son dos comportamientos diferentes. La perseverancia es avanzar con sensatez y técnica. La terquedad se presenta cuando insistimos en metas que no son claras y poco realistas. N. del A.

## Quien aprende a decidir aprende a vivir

*"Primera regla de la Buena Suerte. La suerte no dura demasiado tiempo, porque no depende de ti. La Buena Suerte la crea uno mismo, por eso dura siempre".*

Álex Rovira y Fernando Trías de Bes,
*La Buena Suerte. Claves de la prosperidad*[*].

Las buenas oportunidades y la suerte —que gravitan alrededor de la probabilidad— dependen de las buenas decisiones de cada uno. Cada decisión nos acerca o nos aleja de nuestras metas.

La oportunidad y la suerte las detecta quien tiene información experta y poder de decisión. Se caracterizan, tanto la una como la otra, porque aparecen lentamente y se van rápido. Y si una persona no las toma, otra sí lo hará.

Analicemos dos buenas definiciones sobre la suerte a fin de aplicarlas en el proceso de toma de decisiones:

- La mala suerte "es cuando la realidad se encuentra con la falta de preparación". Eliyahu M. Goldratt.

---

[*] Álex Rovira y Fernando Trías de Bes en el libro *La Buena Suerte. Claves de la prosperidad* hablan de (1) suerte común y corriente (con minúsculas) y (2) Buena Suerte (con mayúsculas). La primera, llega de manera inesperada y aparece a menudo una vez en la vida. La segunda, la Buena Suerte, es la que uno construye a través de las buenas decisiones cotidianas. N. del A.

- La buena suerte es lo que sucede cuando la preparación se encuentra con la oportunidad. Séneca.

La conexión entre decisión y suerte hay que anticiparla, visualizarla, prever sus consecuencias. Debemos entrenarnos en estas dos destrezas: decisión y suerte. A las dos hay que buscarlas. Como aconseja una antigua máxima samurái: "La batalla de mañana se gana en el entrenamiento de hoy".

Hay más. Debemos tener en cuenta la diferencia entre el corto plazo inesperado y el largo plazo planificado. Veamos las diferencias básicas entre el corto plazo y el largo plazo de estos asuntos:

A corto plazo, la velocidad y la suerte pueden inclinar positivamente la balanza de las decisiones. En este sentido, la posibilidad de que el éxito se mantenga es incierta.

Aunque hay excepciones:

- El corto plazo de las decisiones (planificadas) es útil para construir los cimientos del éxito a largo plazo. Lo comprimo en dos palabras: audacia presente.

- En el corto plazo se atienden las diversas emergencias. Lo inesperado. Por ejemplo: salud, supervivencia, crisis económicas, entre otras. Estas no dan espera.

A largo plazo, inclina la balanza del éxito —más que la suerte veloz y escurridiza— la disciplina personal y los buenos hábitos. En esta situación, hay una alta probabilidad de que el éxito se consolide en el tiempo.

Por todo lo visto, decidir bien es casi un imperativo para sobrevivir en esta época.

## La búsqueda de soluciones y oportunidades

Cuando no se toman, las oportunidades se cansan de llegar. Hasta la suerte o la probabilidad\* tienen un límite.

Me preguntan cómo encontrar oportunidades, a lo que respondo que, fruto de mi experiencia, estas son las acciones que a mí me han funcionado:

Hay que buscar la oportunidad lo suficiente. Hasta para hacer una compra hay que tener varias opciones. Disponibilidad para escoger.

- Buscar la oportunidad de forma correcta. ¿Estamos usando las herramientas de búsqueda apropiadas para hallar la solución o el producto?

- ¿Estamos conectando con las personas y los lugares indicados?

---

\* "Lo mejor que podemos hacer es pensar en la probabilidad". Morgan Housel

- Si necesitamos un profesional para que nos resuelva un caso, ¿seleccionamos al que ha solucionado miles de veces la misma situación, o escogemos al principiante que va a ensayar con nuestro caso?

Con estas tres preguntas orientadoras encontraremos muchas respuestas. Debemos releerlas cuando busquemos soluciones.

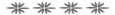

## Radiografía de un tumbarrancho

### De la desconfianza, la impaciencia y el autosabotaje

En muchas empresas de la vida lo que la gente interpreta como metas o sueños fallidos son, en realidad, consecuencia de:

a) La falta de credibilidad.

b) La impaciencia.

c) El autosabotearse o hacerse trampa a sí mismo (sacarse solo).

Estas tres consecuencias se correlacionan con una actitud tipo mano dura, con un estilo metepatas y con el utilitarismo interpersonal como atajo.

A su vez, de todas estas descripciones se origina el *tumbarrancho*: aquella persona que, como buldócer, arrasa con todo y termina por no ganar nada.

Estas son las características de la mentalidad *tumbarrancho*:

- Supone que ser imprudente es la mejor forma de respuesta a los demás. Aplica el estilo ceño fruncido.

- Hace creer que puede mantener siempre sus mañas.

- Considera que las personas son amnésicas frente al utilitarismo y a la deslealtad.

- El tumbarrancho no sabe que no lo sabe, es decir, no se percata de que está equivocado.

Volviendo al párrafo anterior, ¿por qué sucede que el tumbarrancho no gana nada? La respuesta es porque genera desconfianza. Y si algo corre rápido, como verdolaga en playa, son las malas recomendaciones. En el fondo, el tumbarrancho es más bien ingenuo en creer que los demás no se percatan de sus acciones.

**Complementemos:** Estos autosaboteos que funcionan en modo tumbarranchos gravitan entre la renuncia temprana o la muy tardía. Las dos renuncias son desacertadas. El error de esto estriba en no pensar bien *antes de decidir*. No saben decir no con respeto y carácter calmo. Y cuando ve que volvió a meter la pata, el tumbarrancho explota, ofende y arrastra a los demás.

**Meditación orientativa:** partamos siempre de la premisa que es más inteligente prevenir un problema que resolverlo. En este caso, sale más económico hacerle un *quite torero* al tumbarrancho que lidiarlo. Solo una palabra: evitarlo.

## Tomar distancia construye mayores comprensiones

La perspectiva del tiempo nos confirma quién es el verdadero amigo. Tomar distancia a voluntad nos da la pausa para aclarar nuestros pensamientos y confirmar la lealtad como cualidad implícita de la amistad.

Ciertamente, la amplitud de miras que nos dan los años son los binoculares personales que nos prueban que ser selectivos con los compañeros de viaje cotidiano es acertado.

Veamos un ejemplo. Los equipos deportivos nacionales se llaman "selecciones" porque son selectivos al escoger a los jugadores.

En el caso de las relaciones interpersonales, se habla de la selección de amigos de la vida.

## Detenerse a tiempo

Es sabido que para salir del hoyo, debemos dejar de cavar.

Corregir a tiempo una acción o una actitud, cuando uno percibe que está equivocado, disminuye los errores y detiene las consecuencias de estos.

En otras palabras, uno les pone freno y detiene las pérdidas de tiempo, energía y recursos.

✳ ✳ ✳ ✳

## Una naranja en mal estado afecta todo el bulto

Para mantener lo que se llama "el derecho al buen nombre", tardamos una vida entera. En cambio, una mala compañía o una decisión desafortunada deterioran el nombre en un instante.

Con esta situación sucede algo muy similar al bulto de naranjas: una sola naranja pudre las demás naranjas en buen estado. Pero todas las demás naranjas sanas del bulto no reversan el estado de la única naranja que está en descomposición.

✳ ✳ ✳ ✳

Es preferible decepcionarse unas cuantas veces en el amor, que transitar los fríos caminos de la desconfianza y la soledad autoelegidas. En cuestiones del amor, hay que:

1. Escoger selectivamente la pareja.

2. Avanzar.

3. Cambiar sobre la marcha (si fuese necesario).

4. Pausar.

5. Levantarse.

6. Continuar de nuevo.

7. Hacer todo lo posible para ser feliz.

❋ ❋ ❋ ❋

## La virtud de la moderación

El entretenimiento, el baile y la alegría con moderación, son necesarios. Construyen empatía y buenas relaciones sociales, le ponen color y ese sabor picante a la vida. Sin embargo, *la fiesta eterna* se vuelve monótona y antiseductora.

Recordemos que si la vida fuese solo rumba, el planeta sería una pista de baile.

Evidentemente, la fiesta inmoderada disminuye tanto la fuerza de carácter como la credibilidad de las personas. En los finales de fiesta, con licor y tabaco incluidos, solo queda embriaguez, descontrol y soledad. Es común ver en los remates de fiesta a los hombres en un rincón y a las mujeres en otro.

Los dos grupos se comunican en modo avión y señas etílicas.

Precisamente, Osho, en su disertación "El entretenimiento es diferente de la celebración", aclara bien lo expuesto:

> "El entretenimiento ha tomado el lugar de la celebración en el mundo de ahora. [...] El entretenimiento y la celebración nunca son lo mismo. En la celebración eres un participante; en el entretenimiento eres solamente un espectador".

En esta parte que sigue, Osho concluye lo que he analizado en otras partes de este escrito:

> "En el entretenimiento ves a otros jugando por ti. Entonces, mientras la celebración es activa, el entretenimiento es pasivo".

La solución es celebrar con moderación consciente, tener presente la diferencia entre entretenimiento y celebración. Y retirarse de la fiesta cuando todavía no han hecho aparición el triunfo de la borrachera y la incontinencia verbal.

## Prestar atención a las alertas tempranas

Los sensores para detectar las omisiones o los errores que aparecen en nuestra vida (o la de otros) se llaman alertas tempranas. Esos sensores o alertas son una especie de GPS del conocimiento experto y la intuición entrenada.

Pero aquí está el asunto más interesante:

Hasta el GPS más sofisticado no nos evita el obstáculo, sino que nos avisa de él. Así pues, en estos casos, incluso con GPS y alerta temprana, debemos reconducir parte de nuestro trayecto.

Recapitulando, el GPS y la alerta temprana nos avisan que más adelante hay una barricada, pero no hacen que la barricada desaparezca; debemos esquivarla o enfrentarla con soluciones prácticas.

**Solución:** hay que tener plan A, plan B y plan C a fin de tener soluciones anticipadas a los potenciales problemas que se presenten en el camino.

Veamos algunos ejemplos de alertas tempranas:

- La luz en rojo que nos avisa que el vehículo está escaso de gasolina.

- Las primeras manifestaciones de intolerancia y mal genio de los amigos o de nuestra pareja.

- El dolor habitual o intermitente en una parte del cuerpo.

- Las primeras apariciones de insolidaridad de una persona cercana.

"Lo que no se define, no se puede medir. Lo que no se mide, no se puede mejorar. Lo que no se mejora, se degrada siempre", escribió el físico y matemático, William Thomson Kelvin.

La clave para prevenir estas situaciones es hacer listas de comprobación de las alertas tempranas y las luces amarillas del GPS localizador que van apareciendo.

Estas listas de monitoreo deben ser una práctica cotidiana.

❋ ❋ ❋ ❋

En cuestiones mundanas se trata de tomar la iniciativa y no de sumirse en la conformidad calculada. Se sigue adelante con lo que sabemos y con lo que vamos aprendiendo. Casi todo es cuestión de técnica y encadenamientos prácticos de sabiduría adquirida sobre la marcha.

❋ ❋ ❋ ❋

## ¿A cuenta de qué decidimos antes del plazo estipulado?

Si al tomar una decisión pensáramos concienzudamente en los cambios que produce en nosotros la perspectiva del tiempo, seríamos más analíticos y parcos.

En muchos casos, la perspectiva del tiempo nos confirma que estábamos en un error de ligereza. Insisto que hay unos cuantos hechos imprevistos que requieren rapidez decisional, estos son:

- Una emergencia personal.

- Esquivar un peligro inminente.

Por lo demás, casi todo sale mejor decidiendo despacio. Hasta una copa de vino se debe tomar lentamente para sentir su exquisitez.

**Solución**: Decidamos con lentitud, al final de la fecha límite de tiempo. Tenemos más espacio para pensar en todos los aspectos de nuestra decisión. Y si al final del plazo persiste la indecisión, que suele suceder, busquemos un experto en el tema, alguien que ya haya tomado muchas decisiones similares a la nuestra.

En concordancia con lo dicho, comparto esta regla práctica de Milo O. Frank: "Cuando tenga un experto a quien acudir, hágalo. Cuando no, busque uno. Y recuerde que las preguntas no contestadas o aplazadas significan más reuniones".

## Escuchemos opiniones de expertos y, después, decidamos con autonomía

Antes de decidir con responsabilidad, se deben hacer consultas previas, valorar la voz de la experiencia y escuchar opiniones nuevas y profesionales. Pero recordemos que la última palabra la tiene el doliente, el que se juega su piel con la decisión. Es lo que Jaime Balmes llamó *criterio propio* para vivir.

Una frase de un autor anónimo sugiere no atener nuestras decisiones a los consejos de quienes no tendrán que responder por los resultados y las consecuencias. En mi opinión, esto se refiere a personas sin compromiso, a consejos no solicitados. Pero, atención, en personas expertas y comprometidas, esta frase no es acertada ni aplica a lo antedicho.

En este punto debemos detenernos un momento.

Y es en lo que tiene que ver con los modelos de consultoría u opinión experta. Hay dos estilos:

- Consultoría descriptiva o de diagnóstico. Se detecta el problema, se describe, pero no se llega o tarda más en aparecer la solución.

- Consultoría práctica o de implementación. Se expone, se analiza menos el problema y se va directamente a la solución.

La clave es encontrar un consultor que diagnostique bien y sepa cuál es la solución al problema. Se necesita un consejero con las dos destrezas. No es útil un teórico sin soluciones o un solucionador desacertado.

**Moraleja:** escuchemos dos o tres opiniones de asesores* responsables y con mucha experiencia, y, después, decidamos de forma autónoma.

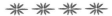

## Decidamos sin el algoritmo

La actual realidad se ve nublada por la sucesión maratónica de noticias que se cuelgan en internet a cada segundo. Esta tendencia creciente hace más difícil nuestra forma de decidir e interactuar.

**Recordemos:** lo importante es que decidamos nosotros y no los algoritmos o las señales digitales.

✳ ✳ ✳ ✳

Hallar el momento apropiado para decidir acerca de cualquier tema es la principal destreza de los ganadores.

✳ ✳ ✳ ✳

## Si no hemos de terminar lo que vamos a hacer, no empecemos

El título anterior es muy útil al momento de comenzar tareas o proyectos. Puesto que antes de comenzar un proyecto, y cuando ya estamos hasta

---

* "Cuando no hay consulta, los planes fracasan; el éxito depende de los consejeros". Salomón

el cuello (y deberíamos detener el emprendimiento), decimos:

—Seguimos porque ya estamos "entrados en gastos".

Estas últimas palabras, a manera de consolación, nos llevan a la ruina. La forma de evitar estas adversidades es pensar muy bien antes de comenzar.

✳ ✳ ✳ ✳

La indecisión suele llegar tarde a su destino.

✳ ✳ ✳ ✳

## Ensayar de seguido y tomar riesgos calculados

Muchos aciertos comenzaron como ensayos o errores que fueron corregidos a tiempo. Por ejemplo, la destreza inversora de Warren Buffet esta alternada por unos cuantos aciertos extraordinarios y una buena cantidad de decisiones de medianía y no recordadas.

**Adición:** Un segundo título para esta reflexión puede ser *pequeños experimentos continuos*.

✳ ✳ ✳ ✳

La ofensa es una especie de soldado de siete vidas que sobrevive incluso al pasar por el desierto árido e inhóspito del olvido. Ante esta situación recurrente, hay que trabajar lo que llamo olvido consciente o voluntario.

## La regla general tiene su excepción, y la excepción le da forma a la regla

Tan importante como conocer la regla es no ignorar las excepciones.

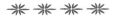

La felicidad no es solo saber disfrutar y recordar, también es el arte de esquivar y olvidar. Esquivar con atención es una forma de estar tranquilo y de ser feliz, es no pescar ni problemas innecesarios ni decidir por impulso.

## El balde de los cangrejos[*]

No conozco proyectos ganadores duraderos construidos hablando mal o poniendo zancadillas a los demás. Es sano tomar distancia de las personas que dicen: "si a nosotros no nos va bien entonces que tampoco les vaya bien a los demás".

Lo dicho en el párrafo anterior, es todo lo contrario de lo que se debe poner en práctica en un credo ganador.

---

[*] La teoría del balde de los cangrejos explica que cuando los cangrejos están en el balde encerrados, deberían ayudarse entre todos para salir, pero los unos frenan a los otros, quedando todos atrapados allí. Este es el típico ejemplo en el que la falta de solidaridad hace que nadie gane y todos pierdan. N. del A.

La suerte, de por sí caprichosa, no acompaña a quien decide mal.

❋ ❋ ❋ ❋

La previsión atrae las alternativas.

❋ ❋ ❋ ❋

## Saber y destreza

El saber práctico viene y va. Se torna esquivo.

Es responsabilidad de cada persona estar atenta para poder atrapar dichos saberes.

Recordemos que casi todos los problemas con los que nos encontramos en nuestras vidas ya fueron documentados por alguien en el pasado, en forma de libro o en la toma de decisiones. Se trata de entrenar nuestra atención en estos temas.

❋ ❋ ❋ ❋

## Pequeños cambios conducen a grandes resultados

Una pulga no deja dormir a un león.

La disciplina llega más lejos que la motivación sin brújula. Lo pequeño cuando es continuo crece más que un golpe de suerte. La meditación creativa vale más que las noches de casino. La consistencia vence a la intensidad sin técnica.

La metáfora de la de la pulga versus el león sirve, por esta y otras causas, para monitorear los pequeños detalles a fin de lograr tanto nuestras metas intermedias como las definitivas.

❋ ❋ ❋ ❋

## Dos estrategias para tomar buenas decisiones

*Pensar sobre el papel, escribir nuestras ideas (organizar nuestros pensamientos).*

*Diálogo pausado, con uno mismo, en un ambiente tranquilo.*

❋ ❋ ❋ ❋

Di mucho menos de lo que sabes y toma tus decisiones en el momento correcto. Bías o Biante de Priene, uno de los siete sabios de Grecia, decía: "No hables deprisa, porque eso demuestra insensatez". El ruido y las carreras suelen ser enemigos del éxito.

❋ ❋ ❋ ❋

Se debe pensar en términos de construir las oportunidades y no solo de esperarlas.

❋ ❋ ❋ ❋

## En el minuto de pausa para responder suele hallarse la respuesta acertada

¿Qué sería de nuestras vidas si antes de responder o tomar una decisión pensáramos durante uno o dos minutos más? A esta herramienta decisional la llamo *gerencia del comportamiento.*

✳ ✳ ✳ ✳

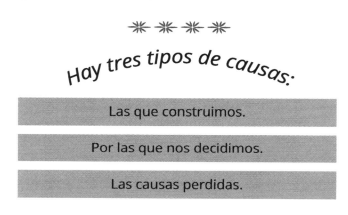

Hay tres tipos de causas:

Las que construimos.

Por las que nos decidimos.

Las causas perdidas.

✳ ✳ ✳ ✳

## El arte de tomarnos un café con nosotros mismos

Así hacemos más acertado el camino cotidiano:

Atención entrenada, tomar la iniciativa, decidir casi siempre despacio y bien informado, un buen café, un buen libro y confianza en sí mismo.

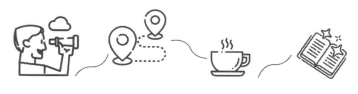

✳ ✳ ✳ ✳

## Notas de campo

Existe en nuestra vida una impronta determinista, una preselección de Dios, que está representada por la familia, el apellido, la ciudad de origen, entre otros; pero, también, esa misma vida tiene un alto componente probabilístico, un boquete inmenso llamado *toma de buenas decisiones*.

En este último componente decisional está la posibilidad de moldear y hacer de nuestra vida una escultura propia. Esto es, construir un camino a través de los guiños de la conciencia o, como paralelamente lo llamo, los dictados de la Conciencia Creadora*.

## La lectura es un aligerador del éxito

*"Cuando era joven, ¿te dije alguna vez que siempre quise meterme en un libro y no volver a salir nunca más? Me encantaba leer tanto que quería ser parte de él, y había algunos libros en los que podría haberme quedado para siempre ".*

Peter Ackroyd.

G. K. Chesterton, Octavio Paz, Jorge Luis Borges, Ernesto Sábato, Alejo Carpentier, por nombrar unos cuantos, pasaban extensas jornadas de lectura contemplativa tanto en las bibliotecas propias como en las públicas.

---

* Tomado de mi libreta de apuntes, Parque del Café, Montenegro, departamento del Quindío.

Las bibliotecas nos conectan en la mayoría de los casos con las ideas prácticas que nos equipan para decidir. La lectura es un muy buen instrumento para tomar decisiones.

Y vivir es decidir.

En pocas palabras:

- *Vivir bien.*

- *Decidir bien.*

- *Leer y escribir bien para dejar una huella más clara.*

✳ ✳ ✳ ✳

## El carácter justo de la terquedad y la flexibilidad

Los pálpitos de la terquedad son, en circunstancias especiales, buenos consejeros. Una actitud terca puede salvar vidas. Nos ayudan a prevenir situaciones incómodas. En otros momentos, no lo son.

Un ejemplo de *terquedad salvavidas* es la persona que presiente algo y decide tercamente retirarse de un lugar veinte minutos antes de que ocurra un suceso desagradable.

**La clave está en saber cuándo se es terco y cuándo no**[*]. Es cuestión de años y experiencia el aprender a

---

[*] En esta reflexión me refiero a la terquedad proveniente de una inconformidad interna, es decir, a la terquedad que luego comprobamos que tenía sentido, la que salvavidas. De ninguna manera, me refiero a terquedades patológicas y salidas de toda proporción. N. del A.

calibrar tanto la sostenibilidad terca como la flexibilidad justa, como formas de decidir.

En la experiencia del buen pensador está cuál de las dos actitudes asumir, pues cada nuevo caso y su respectiva decisión son diferentes en una o varias características. En consecuencia, cada decisión debe ser bien analizada. No hay decisiones que sean exactamente iguales de tomar.

❋ ❋ ❋ ❋

## Construya sistemas

*"Diseñe sistemas, a fin de que no tenga que tomar constantemente la misma decisión".*

Bruce N. Hyland y Merle J. Yost.

La eficacia del emprendedor está en consolidar:

-  *Los procesos.*

- *Los procedimientos.*

- *Las automatizaciones.*

Estas tres palabras son el polo a tierra de un negocio, de donde resulta que el fin último de la estandarización y la automatización es hacer repetibles los procesos —que sí funcionan— en el terreno empresarial.

❋ ❋ ❋ ❋

La decisión de conectar mis conocimientos previos con nuevas ideas prácticas, ha cambiado una gran parte de mi realidad. Esta decisión me ha funcionado una y otra vez, por ese motivo es que lo comparto contigo, estimado lector.

## Pensar en la probabilidad

*"El primer 10% del tiempo que usted emplea trabajando en tener absoluta claridad acerca de lo que necesita hacer le ahorrara el 90% de errores, costos y pérdidas de tiempo".*

Brian Tracy.

Las decisiones se sustentan sobre la base de la probabilidad. Si una persona decide tomar un camino oscuro en la noche, la probabilidad de que le suceda algo es mucho mayor a la de la persona que decide tomar dicha ruta en un vehículo seguro y en las primeras horas de la mañana.

A la hora de decidir, pensemos en términos de:

- Dominio de la conducta.

- De la probabilidad.

- Meditemos siempre la decisión (antes de) con libreta en mano. Escribamos en el papel los pros y los contras de lo que pensamos respecto de la decisión que vamos a tomar.

A manera de resumen de lo expuesto, el escritor, Ambrose Bierce, dijo: "Razonar es sopesar probabilidades en la balanza del deseo."

# EL ARTE DE LEER Y ESCRIBIR

## (lectoescritura)

Para escribir hay que haber leído con anterioridad. Para leer, no se necesita ser escritor.

✳ ✳ ✳ ✳

## La magia de las notas al pie de página

Los pies de página hacen más práctica la lectura de los libros. Con ellos, los escritos se moldean y se hacen más claros nuestros argumentos.

En muchos pies de página, con atención entrenada, he encontrado las semillas de pensamientos prácticos que luego se convierten en buenas decisiones.

✳ ✳ ✳ ✳

## El escrito extenso no siempre es productivo para el lector

Hoy en día crecen las parrafadas y parrafadas ensambladas en libros que se editan cada año, las cuales, en promedio, desarrollan entre ocho y doce temas convertidos en *índices* temáticos. Ideas que, generalmente, se pueden plasmar en unos cuantos párrafos cortos.

Les comparto estas técnicas de lectura selectiva para estos casos:

1. Leer primero los comentarios de internet acerca del libro antes de nuestra decisión de compra.

2. Hojear primero el libro. No leerlo de principio a fin apenas esté en nuestras manos.

3. Revisar con lupa el *índice de contenidos* es fundamental.

4. Recordemos siempre: un libro flojo es una pérdida de tiempo. Un buen libro, es una inversión de tiempo que nos ahorra tomar decisiones equivocadas.

✳ ✳ ✳ ✳

Para leer objetivamente la realidad no debemos inclinar la balanza solo hacia la teoría o hacia la práctica. Debemos hacer una interpretación equidistante entre la reflexión y la acción.

✳ ✳ ✳ ✳

## El camino del escritor

Leer y escribir, escribir y leer.

✳ ✳ ✳ ✳

## Surrealismo literario

Una forma en la que los escritores conectan pensamientos y crean literatura es a través de la interpretación de los libros que pasan por sus manos.

Los mensajes de estos libros se convierten en la onda sonora y telepática que aterriza en su mente y que, después de ello, regresa al mundo exterior convertida en alquimia escrita.

## Libros de consulta

A veces se requiere hacer una pausa en la lectura. Dado que nos topamos con un asunto que nos deja dudas. Sin embargo, recordamos dónde podemos encontrar la información.

Podemos decir que, en este caso concreto, debemos leer lo que necesitamos y no siempre lo que queremos. Se conoce como técnica de lectura selectiva.

## La magia de aprender con rapidez

Un escritor tarda más o menos diez años perfeccionando su método de escritura o didáctica de la escritura. Tiempo en el cual se convierte en un buen tejedor o ensamblador de palabras.

La pregunta que nos asalta es: ¿cuánto tiempo de trabajo y búsqueda de información fragmentaria nos ahorra un libro bien documentado? La respuesta es que nos ahorra mucho tiempo.

**En resumen:** El buen libro de no ficción transfiere conocimiento en poco tiempo, y esta rápida trasferencia de técnicas y soluciones es definitiva en el mundo de hoy. No es lo mismo aprender un tema en una semana que en un año.

## El buen libro siempre tiene tiempo para uno y siempre enseña

La lectura de un buen libro es un amigo que nunca nos defrauda.

Siendo así, la lectura y los libros son tan fundamentales, que el tratado de sabiduría práctica más importante de todos los tiempos, la Biblia, viene recogido en una obra que, a su vez, recopila varios tomos canónicos.

De igual forma aparecen la Torá, el Tanaj, el Talmud, el Kybalión, de Hermes Trismegisto, el Bhagavad-Gita y muchos otros.

Así de prácticos son los libros.

En cuanto a las diversas construcciones artísticas decimos que la obra no termina, sino que hay un abandono creativo. Mejor dicho, tal abandono equivale a la terminación de la obra.

En tal sentido, en el camino de la literatura sucede algo similar: soltar el escrito en un nivel profesional, pero no perfecto. La perfección escrita no existe.

## Las siete correcciones de algunos escritos

Redactar una idea hasta tejer un párrafo (argumentativo, expositivo o narrativo) y que el siguiente párrafo sea congruente con los demás, es una tarea de transpiración y paciencia.

Por estos días repaso el libro *Secretos para el Éxito y la Felicidad* de Og Mandino, cuyas líneas corroboran lo expuesto: "Escribí el capítulo siete veces antes de sentir que ya estaba bien".

Es así como, más adelante, Og Mandino cuenta que asistió a una reunión en la que una persona le dijo que disfrutaba sus libros porque son fáciles de leer: "Es porque me cuesta mucho trabajo escribirlos, por eso son fáciles de leer", reconoce aquel buen orador y escritor.

⁂ ⁂ ⁂ ⁂

La primera necesidad de un escritor es hacerse entender. Puede plasmar en el papel sus mejores pensamientos, pero si no se entienden, está escribiendo para sí mismo.

⁂ ⁂ ⁂ ⁂

En el proceso de elaboración de un texto escrito se trata, en lo posible, de presentar una idea por cada párrafo. Este último, cuando es demasiado largo, confunde al lector.

⁂ ⁂ ⁂ ⁂

## Es mejor practicar la frase de un libro que solo recordar su contenido de memoria

Con los libros debemos interactuar y dialogar. Comprenderlos.

¿Cómo se hace? Tomando notas en ellos (comprensión lectora). Escribir en sus hojas es una forma de hablar con uno mismo y con el autor del libro.

Hay una interesante sentencia latina en el Diccionario Citador (1836) que nos recuerda la importancia de la comprensión de lectura: "Ningún libro o escrito es tan bueno que sea provechoso cuando se lee con descuido o sin reflexión".

El tiempo dedicado a un libro vale la pena, en la medida en que pongamos sus ideas más importantes en práctica.

※ ※ ※ ※

Escribir es compartir lo que pensamos y sentimos en un momento de vitalidad creadora. Cuando escribo transformo el pensamiento en semilla de conciencia. Hay una frase de Francisco Umbral que retrata a guisa de complemento lo mencionado: "Escribir es la manera más profunda de leer la vida".

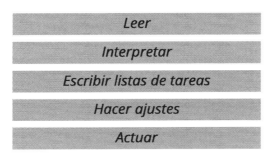

*Ritual\* creativo*

| Leer |
|:---:|
| Interpretar |
| Escribir listas de tareas |
| Hacer ajustes |
| Actuar |

✳ ✳ ✳ ✳

Un libro es la imaginación convertida en palabras. Su escritura y ensamble lo describió con exquisitos trazos Marguerite Duras: "La escritura podría definirse como un fenómeno de lectura interior".

✳ ✳ ✳ ✳

Al escritor previsivo, las aplicaciones de mensajería en el espacio de mensajes guardados, le sirven de cuaderno de notas.

✳ ✳ ✳ ✳

## Susurros creativos y apuntes mentales

El silencio envía sus propios mensajes. Nuestros silencios pensantes son, en las órbitas cotidianas, el motor de nuestros pensamientos y de la inspiración.

Correlacionado con ello, escucho en las horas de lectura analítica y correctiva de este libro unos cuchicheos, como una especie de psicofonía literaria, que coincide con que en mi nochero está el libro de Bruce MacLeLLand, *Hacia la luz*, en el que dice: "la inspiración es un atributo de la mente. [...] El grado de inspiración depende de la condición de la mente y del caudal de fortaleza que exista en el alma".

Extraordinaria coincidencia.

*✳ ✳ ✳ ✳*

Para escribir bien se deben tener en cuenta, en todo momento, tres aspectos básicos:

- *Creer en sí mismo.*

- *Leer mucho.*

- *Escribir continuamente.*

*✳ ✳ ✳ ✳*

En el terreno de la gerencia del comportamiento, las listas de comprobación —o pensamientos por escrito— evitan inconvenientes y largas travesías por el desierto de la dispersión y la desmemoria.

*✳ ✳ ✳ ✳*

## Técnica escritora

Si todos los días escribimos —con un plan de trabajo previo— un buen párrafo, en unos siete meses tenemos un libro casi listo.

Comparto una buena técnica para guardar nuestros párrafos y recordatorios en tiempo real: En las aplicaciones de mensajería hay una sección que se llama mensajes guardados. Consiste en hablar con uno mismo. A solas. Aplicando esta destreza podemos escribir un libro completo en poco tiempo.

En mi caso, uso Telegram como memoria instantánea de escritor. Es únicamente cuestión de criterio personal, del mismo modo que es decisión totalmente autónoma del lector el escoger la aplicación que más le guste.

Lo importante en este caso es *contarle al lector lo que a mí me ha funcionado* y, si lo desea, poner en práctica el método de escritura que acabo de compartir.

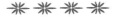

## Leer con la lupa del detalle es trabajar con destreza

Leer no es solo una herramienta de presentación de exámenes académicos. La lectura va más allá de los intramuros escolares.

Esta puede ser monetizada y convertirse en un estilo de vida. Se puede hacer de ella una inversión pecuniaria. Muchos trabajadores de la lectoescritura generarán, en los años venideros, sus ingresos al leer con disciplina y buen método.

Es indescriptible la sensación que sentimos cuando llega a nuestras manos un libro que contiene un tema en el que nos gusta profundizar, es todo un deleite.

✳ ✳ ✳ ✳

Es usual que los escritores conviertan su insomnio o un quebranto de salud transitorio en una oportunidad para escribir o leer. Es un arte terapéutico.

✳ ✳ ✳ ✳

## Las tuercas y los tornillos de la escritura

Ciertas frases o escritos tienen una similitud con el tornillo y la tuerca, se compenetran como en una suerte de necesidad mutua. Otras frases, se rebelan. No se dejan dar forma, hasta que la perseverancia escritora pone cada letra en su lugar. No es una tarea sencilla.

✳ ✳ ✳ ✳

## Debemos aprender en pocos minutos si un libro es bueno o flojo

*"Aprenda principios, no información".*
Kenneth E. Norris.

Si al comenzar los caminos de la lectura hubiese conocido las ideas de Kenneth Norris y de Harrington Emerson, me hubiese ahorrado mucho tiempo al no adquirir libros flojos que contenían velos de ideas repetidas y, con frecuencia, contadas con cierta imprecisión.

En el pasado calificaba, con algo de desatención, los libros por su portada. Y cuando decidía así, terminaba leyendo algo parecido a ensambles de parrafadas a doble espacio.

Los libros tienen dos características: consumen tiempo o nos lo ahorran.

Se necesita trabajar en libros que nos ahorren tiempo, que enseñen principios* para aprender con prontitud. Está visto que es mejor aprender rápido que despacio. ¡Y se puede lograr!

※ ※ ※ ※

Las palabras del escritor no salen de su boca sino de los dedos de sus manos.

Mis palabras fluyen a través de cada uno de mis dedos que acarician el teclado, el bolígrafo y el leal portaminas.

Podría decir que quien escribe es una suerte de voz de mis dedos pulgares y sus demás dedos hermanos.

※ ※ ※ ※

---

* En lo atinente a los principios, hay un buen mensaje que comparte Josh Kaufman en su libro *MBA Personal* (2022, p. 28, Conecta), escrito por el consultor en gestión y eficiencia Harrington Emerson. Parafraseando a este hace especial énfasis en no ignorar los principios. Dado que ignorar los principios trae problemas. En palabras propias el consultor en eficiencia citado (H. Emerson) escribe: "El hombre que comprende los principios acierta eligiendo sus propios métodos". (2015/07/17, quoteinvestigator.com)

Tanto Montaigne como Balzac eran sus propios correctores de estilo. En otras palabras, eran monomaníacos con sus creaciones. Llevaban su prosa casi hasta la obsesión de las palabras precisas.

Al leer sus trabajos escritos, notamos que no sobra ni una palabra en cada frase ni en cada párrafo.

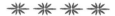

## De escritos cortos a escritos extensos

Por lo general, el desarrollo de un tema extenso comienza por escritos más cortos que anteceden al trabajo final. Por ejemplo, *La rebelión de las masas*, de don José Ortega y Gasset*, que aparece en 1930, fue el ensamble de todos sus artículos y escritos aparecidos unos años antes en forma de textos breves en periódicos y revistas.

Un proceso muy similar de creación, en el lenguaje escrito de Ortega, se dio antes en otra de sus obras: *España invertebrada,* publicado en 1922.

Y como el caso de Ortega y Gasset, podríamos documentar muchos ejemplos de creación y ensambles parciales de los libros más representativos de la historia.

Los lectores y escritores que estudiamos el proceso de composición textual debemos tener en cuenta que podemos estructurar escritos de maratón y media maratón literarias a través de escritos parciales.

*José Ortega y Gasset (1883-1955), filósofo y escritor español.

Lo analizado en el párrafo anterior es una buena clave para crear contenidos que sean recordados.

## La atención del escritor construye prosa

En los caminos de la literatura de no ficción, en la poesía y la novela, entre otros, hay ideas-mojones o puntos de referencia que únicamente los atrapa en el aire el buen tejedor de palabras. Este proceso creativo se parece a la destreza del tiro con arco.

Cada página de buena literatura es la cosecha de las mentes ávidas de mayores comprensiones.

Uno de los mayores retos del arte de escribir es volver literatura nuestros pensamientos esquivos y escurridizos. En una palabra: aterrizarlos. El pensamiento del escritor transforma sus imágenes mentales en palabras.

## Los secretos creativos de Benavente

Cada cierto tiempo releo el libro *Los intereses creados,* la obra teatral escrita por don Jacinto Benavente. Por cierto, en la edición de Catedra (2008), Fernando Lázaro Carreter, en la introducción al libro de Benavente, articula unas líneas que se conectan con lo que he reiterado acerca del arte de ensamblar los escritos.

Carreter lo explica de la siguiente manera: "Se ha dicho muchas veces que la originalidad absoluta no existe, y que el gran inventor literario suele ser —o es, nada menos— un gran combinador" (p. 45).

De ahí que cuando hablo de ensamblar frases, párrafos y capítulos, me refiero a ello, a combinar ideas innovadoras que se convierten en libros.

## Nuestro parabrisas como pantalla creativa

Mucho de lo que observo a través de los parabrisas de los vehículos en los que me desplazo lo convierto en trabajo de campo literario.

Este tránsito se convierte en una parte del ideario precursor de la escritura de este libro. Dicha práctica letrada consiste en entrenar la atención con vistas a dejarnos la piel en la memoria de las buenas lecturas y de los libros que escribimos.

## Los recuerdos se conservan mejor en nuestra libreta de apuntes

Una buena idea que no se escriba es muy probable que no regrese de la misma forma que la primera vez. Papel y lápiz cerca, fortalecen la memoria.

Es mejor no depender de lo que Borges llamaba *borradores mentales*.

## Escribe todas tus ideas

A ciertas ideas las llamo temas golondrina. Primero, el camino de la vida nos las pone —de paso— en la mente. Después, las interiorizamos en nuestra conciencia, y, si no las llevamos pronto al papel, se esfuman.

## Diálogos por escrito

Para presentar un mensaje claro, nada mejor que escribirlo con antelación.

Así evitamos dudas o malentendidos innecesarios, puesto que es posible que lo que decimos al improvisar unas palabras no se corresponde con lo que interpreta el receptor del mensaje.

## Intermitencias en el arte de escribir

Para escribir un párrafo destacado hay situaciones en las que uno puede hacer una inversión de tiempo que va desde una tarde hasta un día... o más. Lo llamo discontinuidad de escritor.

Con este nuevo libro lo comprobé una y otra vez.

## Las semillas de la escritura

Lo he visto en repetidas ocasiones. Comenzar a escribir es mejor cuando, previamente, antes de empezar armamos planes de escritura. Varios prosistas han trabajado muy bien estos temas. Estos dividen a los escritores, por lo general, en dos categorías: escritor de mapa (arquitecto) o escritor de brújula (jardinero)*.

Ahora bien, vamos al grano:

- El de mapa es el que planifica antes lo que va a escribir; sabe con antelación qué partes del escrito va a ensamblar, tiene un método de escritura.

---

* Javier Marías los dividió entre escritores de mapa (planificadores) y escritores de brújula (improvisadores). Por otro lado, George R. R. Martin los llama escritores arquitectos y escritores jardineros. Los arquitectos, son los que planean su escrito con anticipación con el fin de no terminar en la conocida hoja en blanco (bloqueos creativos). Y los jardineros, son aquellos que construyen su prosa sobre la marcha. A través del ensayo y el error. N. del A.

- El de brújula es el que lo mueve el empuje emocional e improvisador del momento. Con este tipo de escritor puede suceder que no tiene una meta clara de escribir entre 500 y 1000 palabras al día, y termine en el polo opuesto de lo que deseaba al empezar su trabajo.

Tú tomas la decisión. Si escribes guiado por el mapa o por la brújula. Si eres jardinero o arquitecto de las palabras.

## De insomnios y sabidurías

## Los encausamientos de las ondas cerebrales transforman positivamente nuestra vida

El insomnio construye pensadores y destiladores de lenguaje escrito. Dos ejemplos de buenos escritores insomnes son Charles Bukowski y Emil Cioran. Aunque tienen más libros destacados, a modo de ejemplo es agradable releer de Bukowski su libro *Mujeres*, y de Cioran, su trabajo *Cuadernos insomnes*.

La característica principal de estos dos referentes de pensamiento letrado, que acabo de mencionar en el párrafo anterior, es el que escribían poco antes de dormir. En la puerta de entrada al subconsciente, y cuando lo hacían en el antesueño, eran más fluidos aún. Como consecuencia de que, a esa hora, sus cerebros mandaban y recibían, con soltura, ondas electromagnéticas creativas.

El escritor diseña su metáfora, en tanto el futbolista trabaja su gol. Son construcciones creativas parecidas.

En la vida de los escritores, la inspiración proviene del silencio que suele construir prosa. La barahúnda los desconcentra, les produce aturdimiento y escape. Casi nunca el ruido es un ingrediente en el arte de cocinar los buenos libros.

## El arte de saber leer la realidad y comprender la felicidad

La expectativa desmedida conduce al error. "Hay dos formas de ser feliz: mejorar tu realidad o bajar tus expectativas", escribió con acierto Jodi Picoult.

Estas dos interpretaciones se convierten en insumos de serenidad* (o felicidad) para los buenos lectores de la realidad y para las mentes atentas de los escritores.

**Repito:** el examen de la vida serena lo ganan quienes más atención ponen.

---

* "Buscar la serenidad me parece una ambición más razonable que buscar la felicidad. Y quizás la serenidad sea una forma de felicidad", escribió con acierto anticipado Jorge Luis Borges (1899-1986).

La lectura abre caminos alternativos en la toma de decisiones. Un buen lector, generalmente, es un avezado solucionador de problemas y un buen tomador de decisiones.

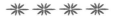

## Las buenas ideas se guardan en las servilletas

Los libros que publicaron William Blake, Carl Gustav Jung, Ralph Waldo Emerson, George Orwell, Oscar Wilde y G. K. Chesterton, por citar unos cuantos, son solo la punta del *iceberg* de las ideas que pasaron por sus mentes.

La suma de bosquejos, anotaciones espontáneas en servilletas con las ideas de los escritores antes mencionados son apenas el subsuelo creativo de sus publicaciones. Lo que tuvieron de tiempo y de memoria para convertir algunas de sus notas en palabras escritas.

## Escribe las mejores ideas en tu diario

Las máximas, los proverbios y los aforismos más interesantes no siempre se encuentran en aquellos libros que vienen publicando estos mismos pensamientos una y otra vez.

Las mejores máximas están recogidas por buenos lectoescritores que, de cada libro interesante, van extrayendo (con lupa) las mejores ideas.

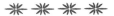

## La libertad y la información están conectadas

> *"Los límites de mi lenguaje son los límites de mi mente. Solo conozco aquello para lo que tengo palabras".*
>
> Ludwig Wittgenstein.

La lectura estratégica empieza por tener cerca un buen diccionario físico o digital. Cada palabra nueva que llega a nuestro vocabulario es un enlace más de inteligencia lingüística y de *información libertaria.*

Los mejores líderes, de todos los campos, hablan bien y escriben bien. No cabe duda de que conocer el significado de las palabras es responsabilidad del lector estratégico.

El propósito liberador de la lectura no es la acumulación de teoría. Su notorio valor agregado y práctico es el de anticipar escenarios e interpretar la realidad.

Es el lector el que escoge al escritor. Considerando que el escritor presenta un mensaje que solo el lector toma o deja pasar.

✳ ✳ ✳ ✳

## El bolígrafo sincroniza el pensamiento

*"Hay libros cortos que, para entenderlos como se merecen, se necesita una vida muy larga".*

Francisco de Quevedo.

Algunos libros se escriben con frases cortas porque el estilo del escritor es la concisión y la brevedad de sus textos. Estos trabajos letrados nacen de sus percepciones espontáneas que, si se dejan pasar, se esfuman.

Así que una buena herramienta de la memoria para poner en práctica en tales casos, es mantener disponibles en nuestra mesa de noche una libreta y un bolígrafo que nos permitan, en medio de despertares intermitentes, estar a un segundo de anotar nuestras mejores ideas en instantes de madrugada.

Palabras ligeras y encriptadas que provienen de distancias largas.

Muchas de las sugerencias prácticas de este libro aparecieron con esta técnica de escritura.

✳ ✳ ✳ ✳

El escritor incansable y estratega no deja de leer los libros que analizan otros libros.

❋ ❋ ❋ ❋

## Apuntes acerca del arte de escribir

> *"Bueno, todo lo que yo publico,*
> *por imperfecto que parezca, presupone diez*
> *o quince borradores anteriores".*
>
> Jorge Luis Borges.

Primero, hacemos un esquema o una lista de ideas principales y secundarias. Después, ensamblamos un primer índice temático y lo vamos puliendo. Posteriormente, desarrollamos cada idea de dicho índice. Hacemos otra pausa. Luego escribimos el primer borrador (provisional) y lo dejamos reposar. Ahí sí, volvemos al escrito y lo corregimos de nuevo.

Escribir, corregir, crear de nuevo y volver a corregir.

¡Veremos cómo toman forma nuestras ideas sobre la marcha! Esta secuencia de pasos (o lista de comprobación) en muchos casos, cuando el escritor ya ha tejido unas 12.000 palabras, se convierte en libro*.

---

*Hoy existen buenos libros que contienen técnicas que nos permiten escribir libros de ficción y no ficción en un periodo de entre 90 y 120 días. N. del A.

## Primero va el índice de contenidos

Las dudas que nos invaden al momento de escribir son consecuencia de una falta de planificación. Hacer la lista de nuestras ideas y convertirlas en *índice temático* antes de empezar el primer borrador del escrito es fundamental.

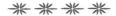

## Las palabras del escritor salen de sus manos

Mi portaminas es una extensión por donde circulan las palabras que parten de mi conciencia y que, en vez de salir por mis labios, salen en cascada de luz por mi mano derecha.

Así las cosas, prácticamente las manos acompañan nuestras voces interiores.

## Selectividad lectora

Como el tiempo es un bien escaso y no se recupera, debemos ser selectivos con lo que vamos a leer o hacer.

Hojear los libros es la clave para ganar tiempo y encontrar prosa de calidad. *La milla extra* de sabiduría la proporciona el leer lo que se necesita y no tanto lo que se quiere.

## Leer salva vidas[*]

El mejor regalo que nos hace cada nuevo libro que leemos es el cambio gradual de comportamiento. Leer transforma nuestra forma de ver la vida.

## Un buen libro es como un buen postre

*"Buscad leyendo y hallaréis meditando".*

San Juan de la Cruz.

Cuando leemos un libro aburrido, lo hacemos de manera rápida. Por otra parte, cuando leemos un libro exquisito lo podemos explorar lentamente, puesto que las ideas que van penetrando despacio en nuestra mente crean nuevas sinapsis e interpretaciones extraordinarias.

En el caso del libro aburrido, el afán por terminar de leerlo frena el cauce lento de las nuevas ideas que nos refrescan.

**En suma:** el libro útil y la lectura meditada se complementan.

---

[*] "Quisiera que todos leyeran, no para volverse literatos o poetas, sino para que nadie sea esclavo". Gianni Rodari.

## Leer selectivamente

Todos los libros enseñan, unos más que otros. Pero, es probable, que el libro al que poco cuidado le ponemos sea el que contiene el tema que más necesitamos en ese momento.

Tratemos de leer en los libros de no ficción por selección de temas, y no la cascada de palabras.

## Ahorro en el tiempo de lectura

Es una realidad. Hay una disminución del tiempo de lectura y del nuevo modelo de economía lectora en la sociedad actual. La mayoría de los escritores son recordados a través de breves fragmentos o frases cortas de sus obras.

El grueso de los trabajos literarios termina en la memoria de unos pocos. He ahí la creciente vigencia de la literatura agradable y breve.

Este análisis acompañó mi estilo de escribir durante todas las páginas de este libro que tú, amable lector, tienes en tus manos.

## Edición de contenido (ritmo secuencial) y edición de texto (ortografía)

En lo que al campo de la **ortografía** se refiere, no creo en una producción ortográfica que se acerque a la perfección.

No obstante, uno sí puede lograr una apropiada comprensión lectora, llámese *ritmo secuencial y conexión entre frases y párrafos,* además de una buena ortografía de texto profesional.

## Mantener el hilo conductor del tema principal en un escrito es todo un arte

Es una destreza a la que se llega solo escribiendo a diario. En ocasiones especiales, conectar o ensamblar varios párrafos puede tardar lo mismo que ordenar el índice o hacer el primer borrador de una redacción parcial.

La historia es reconstruida por quien la escribe.

Es mucho mejor consejero y amigo, en el arte de escribir, el café que el vino.

## El sentido práctico de los escritos cortos*

El escrito breve, bien trabajado, agrada y sorprende al lector más que el largo y aburrido, aunque este último tenga un final agradable. "En obras de no ficción, la tendencia va hacia libros más cortos. En momentos en los que nuestra capacidad de atención se acorta cada vez más", explica Marc Reklau.

Este libro de no ficción que tiene en sus manos es un ejemplo de escritos cortos, claros y agradables.

❅ ❅ ❅ ❅

## Microcuento

## El hijo viejo y el padre joven

Se aparece, sí, materializado, el difunto padre** en la casa de su hijo.

El padre había fallecido a una edad de unos 35 años y se le aparece a su hijo, quien ya tiene cerca de 70 años.

Su hijo le dice:

—Padre, a mi edad (casi 70 años), no parezco tu hijo sino tu padre.

---

* "Te asombraría descubrir cuántos autores producen novelas de 75 páginas que les reportan más beneficios que los tochos de cientos de páginas. Por ejemplo, Enrique Laso, el célebre autor autoeditado que más vendía en Amazon, era muy hábil creando en unos pocos días manuales de apenas 10.000 palabras". Raimon Samsó, Imperio digital.

** "Mi padre ha muerto y está siempre a mi lado. Cuando quiero escandir versos de Swinburne, lo hago, me dicen, con su voz". Jorge Luis Borges, *Posesión del ayer.*

Y el padre, (reflejando 35 años en dicha materialización), le responde:

—Querido hijo, no te sorprendas, puesto que mi cuerpo, aunque joven, es habitado por un alma más antigua que la tuya. —Continúa—, amado hijo, en realidad tengo más de 100 años. Quiero contarte que durante todos estos años he sido tu Ángel Guardián.

**Nota**. Aunque mis manos tejieron y destejieron este microcuento, parecía como si me lo hubiera dictado mi Ángel Custodio. El ritmo narrativo entre mis manos y el teclado era como "aceitado" por los susurros de mis ancestros.

"La mayor parte de los lectores no terminan los libros que empiezan porque la mayoría de las cuestiones no requieren 300 páginas de explicación", escribe, a guisa de complemento, Morgan Housel.

# LA SEDUCCIÓN DEL
# ESCRITO CORTO

*"Las frases en que hay exceso de palabras no cautivan a nadie".*

Antoine Albalat (1856-1935),
*El arte de escribir.*

Leer de manera selectiva es una destreza lectoescritora. Es todo un arte. Hay que atrapar un buen libro como si fuéramos francotiradores librescos, dando en el blanco con el texto interesante, divertido y breve*.

De ello se deriva que debemos hacer lecturas de calidad, al tiempo que aprendemos divirtiéndonos.

En cuestiones de lectura, con los años confirmamos que no hay tiempo de improvisar con "ladrillos" que, por lo general, nos llegan como en forma de cascada. Baltasar Gracián (1647), con su prosa pedagógica, hacía hincapié en que "lo bueno, si breve, dos veces bueno".

Ahora bien, hago énfasis en la palabra leer, ya que este verbo transitivo es la causa principal de la maestría lectoescritora.

En este sentido, se comprende que la técnica del prosista se nutre de la lectura de calidad. Para dominar el arte de escribir es importante circunnavegar y hojear muchos libros, observar muy bien cómo se ensamblan.

---

* Sed concisos en todo cuanto habléis o escribáis. John Neal

Para precisar lo dicho, recordemos que el arte de leer se complementa con el de releer\*. Los grandes escritores fueron y son relectores de obras literarias variopintas y universales.

Jorge Luis Borges, por ejemplo, añoraba más releer que leer. Tenía una marcada predilección por volver de continuo a los grandes clásicos, más que por escribir sus propias obras. Reconozco que, después de escribir copiosamente, también me atrapa ese gusto borgiano.

Leemos para atrapar teorías prácticas e ideas frescas, y escribimos para proponer —a las mentes atentas— cambios reales. Uno de los fines de la lectura es el de enseñar a tomar decisiones prácticas.

Pocas cosas son tan útiles como una buena teoría que espera con afán entre las hojas de un libro colocado sobre un estante, el momento de ser aplicada por un buscador de guiños librescos.

Es precisamente ese enfoque práctico el que está detrás de la construcción de este texto. A través de formas discursivas que derivan, reitero, en hechos realistas.

La idea básica de este y otros párrafos del libro es que el lector se tope con una teoría útil y provista de concisión. Este es un asunto que he recalcado a lo largo de casi toda mi exposición.

---

\* "Aunque parezca extraño, los libros no se deben leer: se deben releer. Un buen lector, un lector de primera, un lector activo y creador, es un "relector". Vladimir Nabokov

Completo el punto anterior, trayendo a comentario lo que la Real Academia Española (RAE) define como concisión: "Brevedad y economía de medios en el modo de expresar un concepto con exactitud".

Como el tiempo es finito y suele percibirse como breve, antes de leer un libro al que le vamos a invertir nuestro tiempo, se debe analizar lo siguiente:

1. ¿Qué vale la pena leer?

2. ¿Qué libros seleccionamos?

3. ¿Qué depositamos en nuestras memorias para hacer más eficaz el arte de leer y de escribir?

Volviendo a la concisión, esta resulta útil para no embotar nuestra memoria con datos innecesarios. Debemos compactar mentalmente lo que leemos y trasladarlo a lo que escribimos (libros, agendas, diarios o cuaderno de apuntes). De hecho, recordamos frases y apartes de los libros que pasan por nuestras manos, no tanto su contenido literal.

Hay que hacer corto y sustancioso el texto, como lo hacían, por ejemplo, escritores como Neville Goddard, Prentice Mulford, Wallace D. Wattles, Orison Swett Marden, James Allen, entre otros.

**Reiteremos:** Un gran número de escritores han puesto en práctica el estilo práctico, breve y ameno en sus composiciones escritas. Justo como anotó el novelista y dramaturgo francés Alejandro Dumas:

"Todo cabe en lo breve. Pequeño es el niño y encierra al hombre; estrecho es el cerebro y cobija el pensamiento; no es el ojo más que un punto y abarca leguas".

James Geary, el compilador del libro *El mundo en una frase: breve historia del aforismo*, es otro autor —entre muchos— que confirma los argumentos a favor del escrito corto[*].

Las vivencias y decisiones que he compartido en capítulos anteriores son un ejemplo ilustrativo de lo antedicho. Presentar buenas ideas en pocas palabras es hoy la tendencia imperante dentro de mi producción de cultura escrita.

El escritor Juan Carlos Kreimer, en su libro *Cómo lo escribo 2.0*, afirma de modo realista que "se imponen los textos breves, presentados como «unidades de lectura» cortas. De no más de dos o tres minutos, máximo de 500 palabras".

Ratifico que me seduce el escrito corto, y aunque a veces leo prosa extensa, hoy me inclino por la palabra escrita corta y sustanciosa. Hay que mostrar en los primeros renglones ideas y soluciones prácticas, la propuesta de valor que el libro le ofrece al lector.

Comparto contigo, amable lector, un listado referencial de buenos libros que destacan la expresión

---

[*] Incluyo el libro *El mundo en una frase: breve historia del aforismo* para los lectores que deseen profundizar en el tema de escritos cortos y universales. En este libro de James Geary aparece un número mayor de escritores expertos en este estilo de redacción. N. del A.

concisa, la frase corta que he trabajado durante los últimos años.

Estos son algunos de ellos:

*El arte de escribir y la formación del estilo* (publicado por primera vez en Francia en 1899), del escritor galo Antoine Albalat; un texto exquisito que también se *llama El arte de escribir* (1912) (inspirado en el de Albalat), de Miguel de Toro y Gómez; *Pregúntele al ensayista* (2007), de Fernando Vásquez Rodríguez; *Cómo lo escribo 2.0* (2014), de Juan Carlos Kreimer; *Del paro a Amazon Bestseller* (revisado en 2021), de Marc Reklau, y tantos más.

Los mencionados trabajos prosísticos están conectados con las siguientes líneas visionarias que Antoine Albalat instrumentó en las postrimerías del siglo xix (1899). Veamos algunas de sus conclusiones:

1. La concisión —se lee en la obra de Albalat— es el arte de recoger, de hacer salir la idea, de condensar los elementos de una frase en una forma cada vez más ajustada. La elocuencia no está en la cantidad de las cosas que se dicen, sino en su intensidad. La concisión es cuestión de trabajo.

2. Es preciso limpiar el estilo, destilarlo, pasarlo por un tamiz, quitarle la paja, clarificarlo, amasarlo, endurecerlo, hasta que ya no haya más viruta, hasta que la fundición esté sin rebaba y se hayan arrojado todas las escorias del metal.

**3.** Léase a Pascal, La Bruyère, Montesquieu; no se puede quitar una palabra de sus frases. Hasta no llegar ese estado cuajado, sólido, indestructible, no estará a punto nuestro estilo. En una palabra: es preciso que no puedan mostrarse de una manera más concisa las cosas que decimos.

La escritura ordenada en este trabajo se relaciona en buena medida con lo dicho por Albalat en los puntos anteriores.

Dentro de este orden de ideas, el lector tiene en sus manos mis trazos escritos de estos años. Han sido leídos y corregidos con dedicación. Dichas líneas se corresponden con lo que la comunidad de expertos define como cultura electrónica. Por tal causa, hemos llevado este libro al formato digital (*e-book*).

Continuando con la alternancia entre el libro de papel y el digital, doy las gracias a mis amigos (presenciales y virtuales) quienes han sido, desde la publicación de mi libro *El semáforo de la vida*, unas veces, los espectadores que me animan a terminar la jugada escrita; y otras veces, los copilotos sugerentes en algunos de estos trayectos creativos.

De modo que esta empresa literaria es, por tanto, un cambio vanguardista en el modo en el que trabajo las palabras. "Idiolecto* estético", lo llamó Antonio Tabucchi.

---

\* Idiolecto. Conjunto de rasgos propios de la forma de expresarse de un individuo. (RAE)

Pero hay más: al terminar las primeras versiones de escritura de un libro, hay que releerlo letra por letra, palabra por palabra. De hecho, se debe empezar a trabajar con lupa en los pequeños detalles de la redacción y su posterior diseño gráfico. García Márquez llamó a esta técnica *carpintería literaria*.

De forma similar, mi "mecánica" literaria, con sus tornillos, arandelas y tuercas, tienen el propósito de presentar un excelente producto terminado. Tales ajustes son una suerte de eterno retorno redaccional. Son mis gustosos gajes del oficio.

En realidad, el arte de escribir y reescribir son dos procesos complementarios. Buscando siempre el ritmo y el avance de la escritura. Y ese ritmo se logra con una permanente calma correctora.

Como tejiendo crochet en nuestra mente. Hasta que la fuerza de voluntad logre poner a punto dicha sucesión de comienzos y finales redaccionales que se convierten en la versión final del escrito. Es en ese momento que exclamamos: ¡la paciencia todo lo puede! En efecto, este libro es una prueba de esa perseverancia planificada.

Distinguido leyente, lo que te acabo de contar me ha sucedido en mis tres creaciones literarias anteriores. Este nuevo libro no es la excepción.

Con todo lo dicho y, ahora sí, desde su catadura de lector selectivo, espero que una buena parte de estas líneas que ya ha recorrido sirvan de prudente referencia al tomar decisiones. Recuerde que una decisión* cambia una vida en cuestión de horas.

## Ejemplos de libros cortos e inolvidables

Los libros cortos**, bien escritos y prácticos, son deliciosos. Parecen postres de chocolate. Es un gusto saborear cada buena frase***, cada buen párrafo. Cada idea que nos hace suspirar o que nos estremece se celebra como si fuera el gol de la victoria de nuestro equipo favorito.

A esto de los libros cortos no me refiero solo a la extensión de sus frases y párrafos (ni a mensajes limitados), sino a las pocas páginas que los componen. Y aquí viene lo mejor: ¡han superado el paso del tiempo! Y entre más se relean, más agradables los encuentra uno.

Estos son algunos ejemplos de libros cortos inolvidables:

- *Como un hombre piensa, así es su vida*, 52 páginas, James Allen.

---

\* "No existe la mala suerte, existe la consecuencia de las malas decisiones que tomas". Joseph Clausen

\*\* "La brevedad es un recurso poderoso y, por ende, escribir pasa por aprender a editar los textos propios, quitándoles un cuarto, un tercio, la mitad o hasta más. Reduzca, saque material y pode, porque casi siempre algo sobrará en su escrito". Andrés Hoyos Restrepo, *Manual de escritura*.

\*\*\* Muchas veces una buena frase enseña más que un libro extenso. N. del A.

- *Cree en ti mismo*, 61 páginas, Joseph Murphy.

- *Tiempo de Siembra y Cosecha*, 63 páginas, libro electrónico, Neville Goddard.

- *Las leyes de la buena suerte*, 75 páginas, Jack Lawson.

- *Delegación y supervisión,* 104 páginas, Brian Tracy.

- *Creatividad y resolución de problemas*, 106 páginas, Brian Tracy.

- *Cómo vivir con veinticuatro horas al día*, 107 páginas, Arnold Bennett.

Todos los libros antes mencionados han pasado por mis manos, y tienen algo en común: da más gusto releerlos la tercera o la cuarta vez que la primera. En cada nueva lectura les encuentra uno ideas nuevas que hacen tránsito hacia una renovada imaginación creadora.

Acerca de la imaginación vertida al mundo libresco, el inolvidable Neville Goddard dice en su trabajo *Tiempo de siembra y cosecha*:

"Todas las cosas están hechas por el poder de la imaginación. Todo comienza en la imaginación del hombre, «de adentro hacia afuera», es la ley del universo: «como es adentro, así es afuera». Y complementa Neville con esta frase: "El hombre se vuelve hacia afuera en su búsqueda por la verdad, pero lo esencial es mirar dentro".

# SELECCIÓN DE FRASES

## El poder transformador de las ideas prácticas

*"No importa lo ocupado que piensas que estás,
debes encontrar tiempo para leer,
o entregarte a una ignorancia auto elegida".*

Confucio.

✳ ✳ ✳ ✳

*"Escribimos a la luz de todos
los libros que hemos leído".*

Richard Peck.

✳ ✳ ✳ ✳

*"Hace años, le pregunté al economista Robert Shiller,
que obtuvo el Premio Nobel de Economía: «¿Qué le
gustaría saber sobre inversión que no pueda saber?»,
a lo que me respondió: «El rol exacto de la suerte
en los resultados exitosos»".*

Morgan Housel.

✳ ✳ ✳ ✳

*"Lo que convierte a una compañía o a un líder en los mejores, es la capacidad de elegir a las personas correctas y colocarlas en el puesto indicado".*

Jim Collins.

❋ ❋ ❋ ❋

*"No encuentres clientes para tus productos, encuentra productos para tus clientes".*

Seth Godin.

❋ ❋ ❋ ❋

*"A muchas personas no les importa lo que suceda mientras no les pase a ellos".*

William Howard Taft.

❋ ❋ ❋ ❋

*"Los elementos que la coma separa pueden ser sustantivos (personas, animales o cosas), adjetivos (características) o verbos (acciones)".*

Andrés Hoyos Restrepo,
*Manual de escritura.*

❋ ❋ ❋ ❋

*"Si vendes, debes estar donde está la gente: en Internet".*

Raimon Samsó,
*Imperio digital.*

❋ ❋ ❋ ❋

*"El acto creativo es psicológico, no físico".*
Neville Goddard.

✳ ✳ ✳ ✳

*"En una ocasión le pregunté a Alfonso Reyes por qué publicamos, y Reyes me contestó: «Publicamos para no tener que pasarnos la vida corrigiendo borradores»".*
Jorge Luis Borges.

✳ ✳ ✳ ✳

# CONCLUSIONES

*"Un buen libro siempre está disponible:*
*puede saborearse y beberse cien veces,*
*y todavía está allí para beberlo más".*

Holbrook Jackson.

Emerson nos dibujó con sus palabras que los años enseñan lo que los días desconocen. A mi edad, tengo muy claro que la mayor credibilidad radica en el lenguaje de los hechos, pues quien mucho habla poco cumple.

En sus años dorados, Andrew Carnegie enseñó: "A medida que me hago mayor, presto menos atención a lo que dice la gente. Simplemente observo lo que hacen".

¡Exacto! Por ahí van las cosas.

Todo el camino de la sabiduría milenaria, desde la tradición oral hasta la expresión escrita, se ha recogido en libros. Hoy en día existen diversas versiones, entre ellas, los libros digitales; formato que le agrada a muchos lectores, aunque otros siguen prefiriendo la usanza tradicional: el fiel libro de papel.

El formato de papel no se descarga, lo podemos llevar de compañero a todos los rincones de nuestra vida sin que la pila de la tableta o dispositivo electrónico esté por descargarse.

Mi propósito ha sido el de compartir con los lectores las observaciones cotidianas que he pasado desde mi cuaderno de escritor a este trabajo que tiene en sus manos, y que dicho cuaderno se convierta en libro físico e infoproducto. Es decir, en versión digital (*e-book*), ofertado por internet.

En resumen, la tarea de conectar ideas —y convertirlas en hojas de lectura— genera muchas herramientas y reflexiones prácticas. Aunque de una cosa podemos estar seguros: si no ponemos en práctica lo que leemos, las leyes de la vida nos confirman que ***"digamos lo que digamos, somos lo que hacemos"***. Esa frase es la que me acompaña hoy en día.

# REFERENCIAS BIBLIOGRÁFICAS

Albalat, A. (1961). *El arte de escribir y la formación del estilo.* Atlántida. Buenos Aires.

Clear, J. (2019). *Hábitos atómicos*. Paidós.

Dobelli, R. (2018). *El arte de la buena vida*. Paidós. México.

Hoyos Restrepo, A. (2020). *Manual de escritura*. Libros malpensante. Bogotá.

Kaufman, J. (2022). *MBA personal*. Conecta. Bogotá.

Kohan, S. A. (2019). *La escritura terapéutica*. Alba. Barcelona.

Kreimer, J. C. (2013). *Cómo lo escribo 2.0*. Pluma y papel. Buenos Aires.

Mandino, O. (1996). *Secretos para el éxito y la felicidad*. Diana. México.

Mulford, P. (2017). *Leyes y Secretos*. Wisdom Collection. Estados Unidos.

Nieto Churruca, A. (2020). *1000 palabras al día*. Triunfa con tu libro.

Peterson, J. B. (2022). *12 Reglas para vivir*. Planeta. Bogotá.

Reklau, M. (2021). *Del paro a Amazon Bestseller*. Las Vegas.

Salas, C. (2007). *Manual para escribir como un periodista*. Áltera. España.

Samsó, R. (2020). *Imperio digital*. Ediciones instituto de expertos, Madrid.

Vásquez Rodríguez, F. (2007). *Pregúntele al ensayista*. Kimpres. Bogotá.

# WEBGRAFÍA

Equipo editorial Etecé. (2022). *Narrador en primera, segunda y tercera persona* [En línea]. Recuperado de: https://www.ejemplos.co/15-ejemplos-de-narrador-en-primera-segunda-y-tercera-persona/

Real Academia Española. (s.f). *Diccionario de la lengua española* [En línea]. Recuperado de: https://www.rae.es/

Sanchís, I. (2013). *"Nuestra voz interior sabe más que nuestra mente"* [En línea]. Recuperado de: https://www.lavanguardia.com/lacontra/20131128/54394590953/nuestra-voz-interior-sabe-mas-que-nuestra-mente.html

@morganhousel

iupsmsimulacion.wordpress.com